D1078611

MAÇONNERIE

faire soi-même la

MAÇONNERIE

Marcel GUEDJ

EDITIONS **S.A.E.P.** INGERSHEIM 68000 COLMAR

LES PRODUITS POUR MAÇONNER

Dans l'auge : à gauche, de la chaux ; à droite, du ciment ; au fond, du sable.

Maçonner signifie couramment élever une construction, même si le terme englobe la réalisation de l'enduit au mortier ou au plâtre qui vient recouvrir les matériaux que l'on ne désire pas laisser apparents (parpaings, carreaux de brique, etc.), ou celle de la dalle ou de la chape.

L'ouvrage de maçonnerie peut être formé de pierres, de briques, de parpaings, de carreaux ou de plaques de plâtre, autant de matériaux servant à élever le gros œuvre et dont le choix dépendra de l'emplacement de la construction (intérieur ou extérieur), de l'environnement, de la résistance requise, un certain nombre de critères que nous examinerons plus loin.

L'art du maçon consiste à maintenir les matériaux de construction solidaires par l'emploi de ce que l'on nomme les "liants". Par définition, ces produits de base de la maçonnerie ont donc pour fonction de donner la cohésion nécessaire à l'ensemble de la construction.

LES LIANTS

L'assemblage des matériaux de construction se fait à l'aide de produits malléables qui, durcissant en séchant, donnent sa solidité à l'ouvrage. Ces produits, mortiers ou bétons, sont eux-mêmes préparés avec les liants hydrauliques que sont le ciment et la chaux : pour les bétons, le ciment permet de "lier" le sable et le gravier, les mortiers étant fabriqués avec du sable et du ciment ou de la chaux.

Le plâtre occupe une place à part dans la mesure où, contrairement à la chaux ou au ciment, il peut être employé sans autre matériau. Cette particularité fait du plâtre un liant (à utiliser pour l'assemblage des

carreaux de brique, par exemple) à part entière, même s'il est de nature différente.

LA CHAUX

La chaux se présente sous forme de poudre qui, mélangée à de l'eau, donne une pâte souple et onctueuse qui durcit en séchant. Cette poudre est produite à partir de calcaire et d'argile (seulement 10% d'argile) cuits à haute température.

La chaux est un liant dont l'emploi est connu depuis des siècles. Avant la mise au point de liants présentant des qualités mécaniques supérieures, la chaux était utilisée en quelque sorte comme un liant d'appoint, pour donner à un mur de pierres, par exemple, une meilleure tenue. Longtemps en effet, l'art de la construction a résidé dans la sélection des formes des pierres, de sorte que ces dernières s'assemblent - on serait tenté de dire "s'emboîtent" - parfaitement.

C'est le cas de ces murs de pierres sèches, parfois à peine ajustées : la légende populaire laisse entendre que l'on pouvait juger de la réussite de la construction au chant du vent entre les pierres... Le rôle du liant était alors relativement secondaire : tout au plus un peu d'argile venait-il bloquer les pierres.

Mais il faut reconnaître que de telles techniques ne pouvaient permettre la réalisation des ouvrages grandioses de l'époque moderne.

Comparée au ciment, la chaux est un liant présentant moins de résistance. On la retiendra, en conséquence, pour les constructions étant sujettes à peu d'efforts.

Les mortiers préparés uniquement avec de la chaux, dits "mortiers de chaux", sont

LA NORMALISATION

Les "normes françaises" (NF) portent sur les matériaux traditionnels contrairement aux "Avis techniques" qui traitent des produits nouveaux. Les normes sont classées en trois catégories : expérimentales, enregistrées et homologuées. Un certain nombre d'entre elles sont obligatoires, celles traitant en particulier de produits ou d'appareillage dont la mise en place peut être source de dangers.

Les DTU (Documents techniques unifilés) sont des textes rédigés par des commissions de spécialistes, sur des produits et des sujets traitant des domaines traditionnels du bâtiment. Après leur élaboration, ces documents sont publiés dans les Cahiers du CSTB (Centre Scientifique et Technique du Bâtiment).

Le champ ouvert entre l'invention d'un produit et sa normalisation est couvert par un "Avis technique" émanant d'une commision de contrôle. L'avis de cette commission est pris en compte par les Assurances.

néanmoins d'un emploi plus facile : plus souples, ils durcissent plus lentement, mais une fois secs, ils ne sont pas imperméables.

Pour obtenir un mortier facile à travailler et en même temps présentant de plus une bonne résistance, on procède souvent à un mélange de chaux et de ciment dans des proportions variables selon la destination du liant. Ni mortier de ciment, ni mortier de chaux, mais un peu des deux, le résultat est appelé "mortier bâtard".

La chaux est disponible en sacs de 50 kg le plus souvent (vous trouverez cependant des conditionnements contenant une quantité moindre, pour les petits travaux : ceci vous évitera le gaspillage). Chaque sac porte des indications renvoyant à une normalisation précise. Ces informations portent aussi bien sur les qualités du produit que sur la référence à la norme établie par l'AFNOR (Association Française de Normalisation). La conformité aux normes est reconnaissable par les lettres NF, et il est bien évident que vous choisirez les sacs présentant cette mention.

LE CIMENT

On devrait plutôt parler de ciments au pluriel, car il en existe deux catégories : le ciment naturel et le ciment artificiel. De plus, le premier groupe comprend un certain nombre de produits qui diffèrent par leur composition et par leur résistance.

Le ciment est un liant qui, mélangé à de l'eau (avec du sable - parfois de la chaux - pour le mortier ; avec du sable et des graviers pour le béton) forme une pâte plastique et onctueuse qui durcit rapidement en séchant. Il donne ainsi une très bonne cohésion aux constructions, il est imperméable et permet d'obtenir de hautes résistances mécaniques et chimiques, supérieures à celles de la chaux. Ceci en fait un matériau parfaitement adapté aux contraintes imposées par les édifices modernes.

Le plus connu des ciments est le ciment Portland artificiel, qui tire l'origine de son nom de l'île de Portland d'où est extrait le type de roche calcaire entrant dans sa composition. Le ciment est en effet un mélange de calcaire, d'argile, de fer et de magnésie (ces deux derniers constituants en faible quantité). La différence entre le ciment artificiel et le ciment naturel tient au fait que ces divers composants sont, dans le premier cas, contenus dans une même roche à dominante calcaire, dans le second, mélangés selon un dosage précis. Il reste néanmoins que, la proportion de calcaire étant de loin la plus importante, les cimenteries sont, le plus souvent, installées à proximité des carrières, de sorte que les coûts de transport ne grèvent pas le prix de fabrication de ce produit universellement répandu.

Il serait vain ici d'entrer dans le détail de la fabrication du ciment. Retenons pourtant que les roches sont concassées puis broyées à sec ou au contraire selon un procédé dit "humide". On obtient alors une poudre dont les grains ne dépassent pas le dixième de millimètre de grosseur. Ce mélange poudreux est cuit à une température de l'ordre de 1 450° C : le produit obtenu, ou klinker, est refroidi puis à son tour réduit en poudre pour former le ciment.

C'est là, sommairement exposée, la méthode de fabrication du ciment Portland artificiel. Selon les mêmes principes, mais en additionnant d'autres produits tels que la chaux, la pouzzolane, etc., on obtient des ciments dérivés comme le ciment de laitier, à la pouzzolane, aux cendres, etc. Ces différents matériaux, parfaitement régis par une normalisation rigoureuse et vigilante, offrent des qualités et des degrés de résistance différents, ce que vous trouverez indiqué sur les sacs. Le tableau ci-contre vous en donne un aperçu.

Le label NF indique que le produit est conforme aux normes.

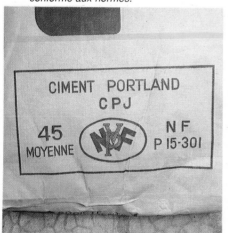

Stockage du béton prêt à l'emploi sur palette.

CLASSIFICATION	DESIGNATION	RESISTANCE
CPA	Ciment Portland artificiel	
CPAL	Ciment Portland artificiel au laitier	250 à 500 bars : à retenir pour la fabrication du béton
CPCA	Ciment Portland artificiel aux cendres	
CPALC	Ciment Portland artificiel au laitier et aux cendres	
CLK	Ciment de laitier au klinker	150 à 300 bars
CLX	Ciment de laitier à la chaux	100 à 250 bars
CM	Ciment à maçonner	100 à 250 bars
CN	Ciment naturel	160 bars

COMMENT STOCKER LES SACS DE CHAUX ET DE CIMENT ?

Les liants hydrauliques sont très sensibles à l'humidité. Si vous devez les stocker quelques temps en attendant de les utiliser, ne les posez pas contre un mur ou directement sur le sol. Placez-les plutôt couchés sur une palette.

TOTALEMENT REFRACTAIRE !

Si vous construisez un barbecue ou une cheminée, servez-vous uniquement, pour le foyer, de briques et de ciment réfractaires. En effet, l'emploi de ciment réfractaire en association à ce genre de briques est indispensable pour garantir durablement votre construction.

QUE TROUVE-T-ON SUR LES SACS
DE CIMENT ?

Tout comme pour la chaux, les sacs de ciment portent une série d'indications lettrées et chiffrées. Les lettres renseignent sur les constituants du produit (voir tableau page précédente) tandis que les chiffres indiquent la résistance du matériau exprimée en bars/cm². Enfin, les sacs portent le label de conformité aux normes (tous les produits ne sont pas normalisés) repérable aux lettres NF (Normes Françaises). Ce label est délivré par l'AFNOR. D'autres lettres parfois viennent accompagner ces dernières, révélant qu'un autre organisme a approuvé le ciment. Par exemple VP, pour Ville de Paris.

LE PLATRE

Le plâtre est un liant à part entière, dans la mesure où il permet d'assembler des matériaux de construction comme les carreaux de briques ou les briques plâtrières. A ce titre, le plâtre est essentiellement réservé aux travaux d'intérieur.

Contrairement à la chaux et au ciment cependant, le plâtre peut s'employer seul, que ce soit en tant que liant, comme matériau de recouvrement (enduit) ou comme produit de scellement.

Ainsi, matériau issu de la cuisson de la déshydratation du gypse, le plâtre peut néanmoins présenter des différences selon les utilisations auxquelles on le destine. On trouve par exemple du plâtre de construction, pour les travaux d'assemblage, de scellement ou de rebouchage ; du plâtre à projeter, pour les enduits intérieurs ; du plâtre à modeler, pour les petits travaux de moulage ou de rebouchage.

Enfin le plâtre sert de matériau de construction et cela depuis fort longtemps : les carreaux et les plaques sont particulièrement appréciés pour réaliser rapidement les cloisons.

Le plâtre est généralement préparé en petite quantité vu son temps de prise rapide.

Pour les petits travaux de rebouchage, servez-vous de plâtre à modeler.

LE CONDITIONNEMENT DU PLATRE.

Vous trouverez le plâtre de construction en sacs de 40 ou 50 kg et le plâtre à modeler en plus petite quantité (5 ou 10 kg). Comme le ciment et la chaux, le plâtre est très sensible à l'humidité, y compris celle de l'air. Et du plâtre qui a pris l'humidité est du plâtre "mort", irrécupérable.

Conservez donc les sacs de plâtre dans un endroit sec et ne les mettez pas au contact direct du sol : posez-les plutôt sur caillebotis, de sorte qu'une bonne circulation de l'air écarte tout risque d'humidité ponctuelle.

Par ailleurs, refermez convenablement les sacs entamés : le mieux est de les coiffer d'une enveloppe en matière plastique.

LES AGREGATS

On appelle "agrégats" ou "granulats" les matériaux qui, agglomérés par le ciment ou/et la chaux, vont former les mortiers et les bétons. Il s'agit du sable, de graviers et parfois de pierres et de cailloux.

MURS TOUT PRETS

Les plaques de plâtre ne sont pas à proprement un matériau de construction, dans la mesure où elles constituent un mur tout prêt en quelque sorte, à rapporter sur un vieux support, et cela sans préparation particulière, si ce n'est un traitement spécifique des murs humides. Elles sont, de ce point de vue, à recommander à l'amateur à qui elles éviteront des travaux de rénovation parfois fastidieux.

Il est fortement conseillé de se procurer les agrégats auprès des entreprises spécialisées. Ces matériaux doivent être en effet calibrés précisément : leur granulométrie est mesurée avant leur commercialisation, ce qui permet de les classer et de les réserver à différentes utilisations.

En outre, les agrégats doivent être propres, résistants au gel et à l'abrasion, imperméables et, de préférence pour les gravillons et obligatoirement pour le sable, extraits de rivières. Pour toutes ces conditions, il est préférable de s'adresser à des spécialistes plutôt que de ramasser n'importe quoi.

LE SABLE

Il entre aussi bien dans la composition du mortier que de celle du béton. Dans les deux cas, il est recommandé de se servir de sable de rivière bien propre. En effet,

Le sable est l'agrégat entrant dans la composition du mortier (ici, avec de la chaux, pour fabriquer du mortier bâtard).

tout corps étranger, y compris le sel, si l'on employait du sable de mer, corromprait la qualité du mortier ou du béton.

Pour cette raison, il est indispensable de bien nettoyer le sable avant de l'utiliser. Pour vous rendre compte de son état de propreté, frottez-le entre vos mains : s'il y laisse des traces, il faut le laver : c'est l'une des conditions essentielles pour obtenir ensuite un béton ou un mortier homogène et donc solide.

Soyez également attentif à l'humidité du sable. Selon son degré, vous serez amené à modifier les proportions du sable. Prenez donc la précaution de l'entreposer sous abri, sur un plastique ou une plaque de tôle par exemple.

Pourtant, malgré ces précautions, le sable se charge d'humidité au simple contact de l'air, ce qui a pour effet d'en augmenter le volume. Ce phénomène est ap-pelé "foisonnement". Si le foisonnement courant du sable est de l'ordre de 20%, encore faut-il en déterminer le plus exactement possible l'importance afin de corriger en conséquence le volume du produit entrant dans la fabrication du mortier ou du béton.

Sachant que le sable occupe le même volume dans l'eau que dans l'air, il est assez simple de déduire le pourcentage de son foisonnement. Pour cela, remplissez d'eau un récipient d'un volume donné et connu (5 ou 10 litres). Mettez-y ensuite du sable qui doit occuper entièrement le volume du récipient. Peut-être a-t-il fallu 6 ou 7 litres de sable pour remplir le récipient de 5 litres : la différence correspond au foisonnement. Déduisez les pourcentages et tenez compte d'eux au moment de la fabrication du béton ou du gâchage du mortier.

Le sable s'achète dans les entreprises spécialisées. Prévoyez un endroit où l'entreposer.

Détermination du pourcentage de foisonnement du sable.

LE GRAVIER

Le béton doit sa résistance à sa composition granulaire liée par une pâte formée de ciment et d'eau. En plus du sable, il comprend des roches concassées se présentant sous la forme de graviers et de cailloux.

Le gravier donne sa consistance au béton et lui procure sa résistance. Compacité et solidité varient d'ailleurs selon la granulométrie du gravier que l'on classe sous trois catégories : grosse, moyenne et petite. Pour les bétons courants, le gros gravier suffit.

Le gravier utilisé doit être correctement lavé au préalable, pour être débarrassé de la gangue argileuse. Ce type d'impureté nuirait à l'homogénéité du béton. La particularité du béton que réalise l'amateur est de présenter une granulométrie "discontinue" : ce terme indique que le béton comporte des agrégats très fins (sable) et d'autres plus gros (graviers). Cette variation importante entre les différents agrégats ne se retrouve pas dans les bétons fabriqués industriellement, ceux-ci présentant alors une granulométrie continue, donnent un béton beaucoup plus résistant ; cependant, le béton à granulométrie discontinue que vous fabriquerez sera largement satisfaisant.

Le gravier est le granulat supplémentaire entrant dans la composition du béton.

LES MATERIAUX DE CONSTRUCTION

De tous temps, bâtir a été l'une des principales activités humaines, parce que, pour se protéger et survivre, l'homme devait d'abord construire sa demeure, son abri. En ce sens, on peut dire que le métier de maçon est l'un des plus vieux métiers du monde.

Les matériaux de construction ont connu une histoire parallèle à celle du développement technique et économique des sociétés. Leur extraction ou leur fabrication, leur diffusion et leur emploi, les moyens de leur mise en œuvre, tous les aspects de leur production et de leur utilisation sont intimement liés à la réalité d'une époque donnée.

Aujourd'hui coexistent les matériaux naturels traditionnels que sont les différentes roches (calcaires et siliceuses) et ceux, plus modernes que sont la brique (dont l'histoire est déjà longue), les parpaings et les éléments préfabriqués (livrés en "kits").

Leur choix est fonction de l'investissement financier que l'on peut y consacrer, des possibilités d'approvisionnement (proximité des carrières pour la pierre) et des contraintes imposées par le respect de l'environnement.

Quels que soient les matériaux que vous utiliserez, dites-vous bien que la qualité de la construction dépend, pour une grande part, de la leur. Le savoir-faire, certes indispensable ne peut suppléer aux malfaçons. Aussi, fiez-vous à la normalisation établie avec l'aide du CSTB (Centre Scientifique et Technique du Bâtiment), qui statue sur les procédés et les matériaux qui leur sont soumis par les professionnels du bâtiment. Les matériaux évalués portent alors le label NF, suivi d'une lettre (P pour le bâtiment), et de cinq chiffres permettant leur classement. Voilà brièvement quelques indications pour mieux acheter les produits et les matériaux dont vous aurez besoin.

AVEZ-VOUS VOTRE PERMIS ?

Il est indispensable d'obtenir le permis de construire avant de modifier l'aspect extérieur de la maison. Il porte aussi bien sur les travaux de construction que sur ceux de rénovation. En outre, le permis de construire n'est pas seulement obligatoire pour tout ce qui touche à la façade. La construction d'une cabane de jardin, d'une piscine et même d'une cave doivent faire l'objet d'un permis.

De plus, sachez que vous aurez aussi besoin d'un permis de démolir si vous décidez de faire table rase de l'ancien bâtiment. Ceci est largement justifié par les excès qui ont parfois conduit à défigurer l'environnement.

Soyez en règle et, avant d'entreprendre vos travaux, renseignez-vous auprès de la mairie.

LA PIERRE

La pierre est le matériau à bâtir par excellence. C'est aussi le plus traditionnel. Provenant de roches calcaires ou siliceuses taillées pour la construction, les différentes catégories de pierres sont sélectionnées pour leur résistance (mécanique et au gel) et leur aspect, principalement. On les regroupe sous le terme générique de "pierres de taille" en raison précisément de leur aptitude à la taille.

Les gisements de pierre (on dit aussi les "crus") sont très nombreux en France.

Citons la meulière, la pierre grise de Lorraine, la Côte d'Or, la pierre rose de l'Estérel, etc. Ces différents gisements, outre l'aspect, sont classés selon la résistance, la dureté, la difficulté à les tailler, etc.

La raison commande de se procurer les pierres provenant d'un gisement proche de l'endroit où l'on habite, ceci pour deux raisons : mettre la construction en harmonie avec l'environnement ; éviter de longs transports onéreux. Ce dernier argument est d'ailleurs parfaitement assimilé par les professionnels qui, conjuguant ainsi argument économique et raison pratique, ont établi les chantiers de taille à proximité des carrières.

Mise à part la pierre taillée, qui malgré tous les calculs reste très onéreuse (mais si belle !), le calcaire est un matériau de construction des plus courants : on le connaît aussi sous la forme de moellons, de pierres prétaillées, mais on l'emploie aussi en tant qu'agrégat (voir p.11).

Les moellons présentent des formes irrégulières, contrairement aux pierres taillées. Au moment de les mettre en œuvre, il faut donc les sélectionner, non seulement selon l'ouvrage à bâtir, mais aussi en fonction de la place qu'ils doivent occuper dans l'ouvrage. On a souvent recours aux moellons, par exemple pour la construction des murets.

LES DALLAGES

La pierre est idéale en revêtement de sol, où sa beauté peut être mise pleinement en valeur. Elle se prête en outre parfaitement à cet emploi, en raison de sa dureté et de sa résistance. Enfin, comme matériau naturel, elle s'intègrera sans peine au décor végétal du jardin, soulignant une allée ou détachant une terrasse de son environnement.

Sans nous livrer à une exposition exhaustive des différents types de pierres de dallage - ce qui serait bien difficile dans le cadre de ce chapitre, tellement ils sont nombreux - signalons tout de même les grandes familles que sont les marbres (calcaires), les ardoises, les grès, les granits, les quarzites, etc.

Meulière avec joints de mortier.

Pierres de taille.

Ardoise violine.

Dalles de pierres de Bavière.

Choisissez le matériau en fonction de l'emploi auquel vous le destinez et la région que vous habitez. Evitez par exemple les pierres poreuses comme les calcaires, pour l'extérieur, où le gel risque de les faire éclater. On trouve cependant quelques pierres calcaires parfaitement ingélives, comme le travertin.

Attention aussi aux surfaces glissantes lorsqu'elles sont mouillées : ne les placez pas sur un passage fréquent.

Pensez à la couleur de la pierre qui doit s'harmoniser avec celle de la façade de la maison.

Grès rouge.

Enfin, préférez toujours les pierres de votre région : vous y gagnerez largement, le coût du transport pouvant majorer considérablement le prix du matériau.

En revêtement de sol, la pierre est le plus souvent présentée en dalles de formes et d'épaisseurs variables. Leur géométrie vous imposera parfois, au moment de la pose, de savants calculs pour déterminer le meilleur positionnement. Vous les achèterez au mètre carré, sans vous soucier, à l'avance, de votre prochaine composition.

LA TERRE CUITE

Les briques de terre cuite ont été utilisées comme matériau de construction depuis la plus haute Antiquité. En effet, la possibilité de mouler l'argile afin de former des briques de formes géométriques régulières, a permis de disposer très tôt de matériaux de substitution à la pierre.

Aujourd'hui, la terre cuite traitée industriellement donne un produit très largement répandu pour sa facilité de mise en œuvre et son bel aspect. En outre, les multiples possibilités de façonnage de la pâte d'argile permettent la fabrication de plusieurs types de briques : pleines, creuses, en carreau, en bloc, etc. De plus, chaque grande famille comporte de nombreux éléments de taille et de formes diverses, adaptés aux différentes exigences de la construction.

LES BRIQUES PLEINES

Il en existe de nombreuses catégories, selon l'utilisation que l'on veut en faire. Elles permettent de monter rapidement un muret, un petit barbecue, et peuvent aussi servir de revêtement de sol. Dans ce domaine également, la normalisation

La brique pleine est un matériau beau et pratique. Ici, un barbecue en cours de réalisation.

impose le respect de certaines règles, comme la résistance au gel et au feu (la résistance des briques ordinaires se situe à près de 1200°C mais pour la construction des foyers de cheminée ou de barbecue, servez-vous de briques réfractaires).

Briques réfractaires : pour les foyers de barbecues ou de cheminées.

PAS DE FELEES !

Soyez vigilant quant à la qualité des matériaux que vous achetez. Une brique fêlée peut nuire à toute la construction. Aussi, au moment de monter le muret, frappez la brique du manche de la truelle : vous saurez si elle est à éliminer au son qu'elle rend. Une brique en bon état renvoie un son clair.

De plus, n'essayez pas de découper une brique fêlée : elle peut éclater sous le coup.

PRINCIPAUX TYPES DE BRIQUES PLEINES		
BRIQUES	**CARACTERISTIQUES**	**EMPLOI**
De parement	Coloris et finition Rouges, jaunes, grises Mates ou vernissées.	Murs de façades, cloisons, terrasses, allées, etc.
Décoratives	Traitement de finition permettant d'obtenir de nombreux coloris : blanc, rose, rouge, beige, etc.	Habillage des montants d'un barbecue ou d'une cheminée, jardinières maçonnées, muret décoratif.
A enduire	Les mêmes caractéristiques que les briques courantes.	Tout ouvrage destiné à être recouvert d'un enduit.
Réfractaires	Haute résistance au feu.	Spécialement conçues pour la construction des foyers (cheminées ou barbecues).

LES BRIQUES CREUSES

Les perforations verticales ou horizontales dont ils sont dotés ont valu à ces matériaux le nom de briques "creuses". Ces vides, représentent 40% du volume de l'élément, ce qui en fait un matériau léger et facile à mettre en œuvre.

En outre, le volume d'air emprisonné dans les briques, une fois le mur monté, joue le rôle d'isolant thermique. Ainsi, les briques creuses peuvent servir à la construction des façades, avec éventuellement un doublage isolant intérieur, dont le choix se fera en fonction des exigences thermiques.

Elles doivent être dans ce cas, recouvertes d'un enduit de mortier, contrairement aux briques pleines qui, elles, peuvent rester apparentes.

Il existe une large gamme de briques creuses, aux formats et aux caractéristiques variables, ce qui a permis de les classer dans trois catégories selon leur résistance à l'écrasement :

I : 40 bars
II : 60 bars
III : 80 bars.

Par ailleurs, la diversité des éléments ainsi que leur spécificité autorisent l'emploi des briques creuses, tant à l'extérieur qu'à l'intérieur (voir le tableau ci-dessous).

PRINCIPAUX TYPES DE BRIQUES CREUSES		
BRIQUES	**CARACTERISTIQUES**	**EMPLOI**
Briques courantes	Longueur : 22 cm Hauteur : 10.5 cm Largeurs : 4 ; 5,4 ; 7,5 ; 10,5 cm. Nombre de perforations variable selon l'épaisseur	Maçonneries intérieures ou extérieures. Doivent être recouvertes d'un enduit. Pour mur porteur, à condition que la hauteur du mur mesure 15 fois la largeur de la brique.
Briques plâtrières	Longueur : 40 cm Hauteur : 20 cm Largeur : 3 cm Assemblage au plâtre, au mortier de chaux ou au mortier bâtard ; jamais de ciment.	Pour cloisons intérieures ou doublage de murs.
Briques à rupture de joints	Profil particulier présentant une dépression sur toute la longueur : ceci permet de conserver une lame d'air supplémentaire, ce qui renforce l'isolation.	Pour maçonneries extérieures.

On distingue principalement les briques creuses courantes, qui permettent de monter des murs extérieurs ou des cloisons intérieures ; les briques plâtrières, qui servent surtout à la construction de cloisons de doublage (on peut par exemple associer briques creuses en extérieur et briques plâtrières en doublage intérieur, avec un isolant entre les deux matériaux ou tout simplement une lame d'air) ; toute une série d'éléments spéciaux, tels que les briques à rupture de joints, appelées ainsi parce que le joint entre deux briques ne se fait pas entièrement sur leur face en contact dans la mesure où elles présentent une dépression qui emprisonne, une fois le mur monté, une lame d'air sur toute la longueur de la rangée de briques.

D'autres éléments ont été spécialement étudiés pour faciliter la liaison en angle entre deux murs, pour le montage des conduits de fumée (boisseaux). Plus généralement, on trouve des éléments en terre cuite pour la réalisation de planchers : entrevous et poutrelles. Mais ces matériaux sont d'un usage bien spécifique et, à moins de posséder une solide expérience, mieux vaut laisser les professionnels les mettre en œuvre.

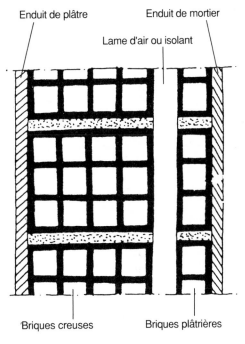

Les briques creuses sont un matériau résistant, pouvant même servir à la construction de murs porteurs.

Briques creuses à l'extérieur (recouvertes d'un enduit) et briques plâtrières en cloison de doublage intérieure séparées par une lame d'air.

21

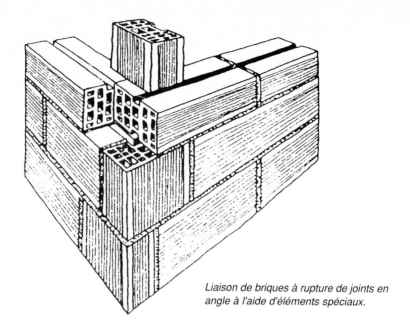

Liaison de briques à rupture de joints en angle à l'aide d'éléments spéciaux.

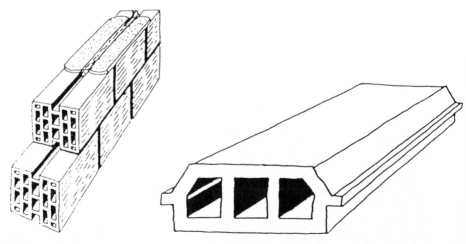

Briques à rupture de joint. Un tasseau glissé dans la dépression centrale lors du jointoiement évite au mortier de remplir cette dépression.

Entrevous de terre cuite. Les entrevous (appelés communément "hourdis") sont des éléments venant se placer entre les poutrelles de plancher.

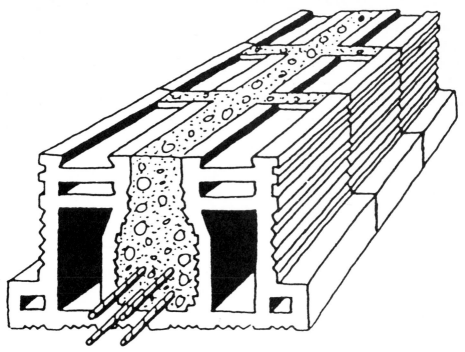

Poutrelle de plancher en terre cuite dont le canal central est rempli de béton armé.

CLAUSTRAS DE TERRE CUITE

On trouve des éléments de terre cuite grâce auxquels on peut construire de jolis claustras. Ajourés, ils se montent au mortier, comme des briques. Ils vous permettront de créer un coin tranquille sur la terrasse, sur le balcon ou dans le jardin.

Les parpaings sont parmi les matériaux de construction les plus utilisés parce que les moins coûteux. Ils doivent être recouverts d'un enduit de mortier.

Blocs de béton cellulaire. Attention à la qualité de la marchandise !

LES PARPAINGS

Les parpaings sont des matériaux de construction fabriqués en béton. De forme parallélépipédique, comportant des alvéoles intérieures, ils s'emploient couramment pour le montage des murs extérieurs ou de cloisons intérieures.

Leur facilité d'emploi et leur coût inférieur à celui des matériaux traditionnels comme la brique et la pierre, leur valent une très large diffusion.

Comme les briques creuses, les parpaings apportent une isolation thermique non négligeable en raison des alvéoles intérieures dont ils sont dotés. Toutes ces qualités font des parpaings des matériaux de construction privilégiés. Cependant, ils sont peu esthétiques et ne peuvent être, pour cette raison, laissés en l'état : il faut les recouvrir d'un enduit, qui lui-même pourra ensuite recevoir la finition de votre choix.

LE BETON CELLULAIRE

Les blocs de béton cellulaire à présent considérés comme des matériaux de maçonnerie traditionnelle, sont à recommander pour leur rendement thermique et leur facilité de pose. De dimensions variables (il est nécessaire de distinguer les blocs porteurs de carreaux non porteurs), les éléments de béton cellulaire présentent l'un des meilleurs compromis entre la résistance mécanique et les performances thermiques. Il est admis en effet que plus le produit est léger et plus la résistance mécanique (résistance à la compression) est faible ; mais que plus le produit est léger aussi, plus le rendement thermique est bon.

Tels sont quelques-uns des aspects de ce matériau qui peut être monté à joints épais de mortier pour lequel il reste préférable d'utiliser du mortier-colle, qui donne à la maçonnerie davantage d'homogénétié

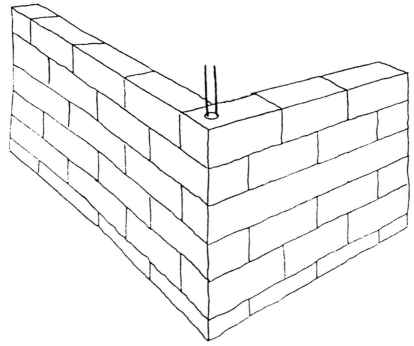

Blocs d'angle de béton cellulaire pourvus de cavité cylindrique permettant le passage d'armatures de renfort.

(il s'agit d'une poudre faite de ciment blanc, de chaux, de sable et de rétenteur d'eau : toute préparée, il suffit de la gâcher au moment de la pose).

Mis à part les blocs et les carreaux, le béton cellulaire se présente également sous la forme d'éléments spéciaux qui permettent, là aussi, la liaison de deux murs en angle. Ces blocs d'angle sont munis de cavités cylindriques dans lesquelles passent les armatures métalliques. Ceci permet de constituer un chaînage vertical parfaitement sûr.

Un dernier mot sur les carreaux de béton cellulaire qui servent à habiller les parties de maçonnerie qui n'auraient pas été réalisées à l'aide des blocs (habillage d'un linteau en béton armé, par exemple). Leur emploi dans ce cas donnera à la construction un meilleur aspect d'ensemble.

DIMENSIONS DES PRODUITS EN BETON CELLULAIRE

BLOCS :
Longueurs : jusqu'à 75 cm.
Hauteur : 20 cm.
Largeurs : 15 ; 17,5 ; 20 ; 22,5 ; 27,5 ; 30 cm.

CARREAUX :
Longueurs : jusqu'à 75 cm.
Hauteurs : 20 ; 25 ; 40 cm.
Largeurs : 5 ; 7 ; 7,5 ; 10 cm.

En finition, le béton cellulaire sera recouvert, côté intérieur, le plus souvent d'un enduit au plâtre ; à l'extérieur, on optera pour un enduit épais au mortier, dont la couche de finition pourra être remplacée par un revêtement de plastique épais prêt-à-l'emploi et normalisé. (Attention : un certain nombre d'enduits d'imperméabilisation de façade ne peuvent être appliqués sur le béton cellulaire. Renseignez-vous auprès du détaillant ou lisez bien la notice d'emploi avant d'acheter.)

LES CARREAUX DE PLATRE

L'un des avantages des carreaux de plâtre est d'offrir des parements lisses, ce qui dispense de les recouvrir d'un enduit au plâtre. Ainsi les carreaux, grâce auxquels on monte rapidement une cloison

Carreaux de plâtre : remarquez la rainure et la languette facilitant l'emboîtement des carreaux, ainsi que les alvéoles intérieures.

intérieure, peuvent recevoir, en finition, le revêtement que l'on aura choisi : papier peint, peinture, tissu, carrelage, etc.

L'assemblage des carreaux de plâtre se fait par emboîtement, chaque élément comportant rainures et languettes sur chant. Au moment de la pose, une colle spéciale (à base de plâtre) permet de maintenir les carreaux solidaires.

Vous pourrez vous procurer des carreaux pleins ou au contraire alvéolés, dont les vides contribuent à améliorer l'isolation thermique.

Après avoir acheté les carreaux qui vous sont nécessaires, mettez-les rapidement en œuvre ; si vous devez les entreposer, conservez-les dans un local sec : le plâtre "boit" l'humidité ambiante et il serait difficile de donner une bonne finition à des carreaux humides.

Une dernière recommandation : n'utilisez pas les mêmes carreaux indifféremment pour toutes les pièces : pour les cuisines et les salles d'eau, servez-vous de carreaux hydrofugés (que vous distinguerez des autres parce qu'ils sont teintés dans la masse).

LES ELEMENTS MODULAIRES

Il en existe en béton, parfois avec parement de brique, ou en pierre reconstituée qui permettent de monter rapidement des constructions telles que des piliers de clôtures, des murets, des dallages, etc. Ces éléments s'assemblent au mortier ou au béton, comme les matériaux de maçonnerie traditionnels.

Ils sont particulièrement intéressants car ils éviteront au novice de se lancer dans des travaux difficiles avec des chances de succès limitées. La réalisation d'un poteau en béton, par exemple, demande, pour être réussie, une certaine expérience, en particulier dans le coffrage. Les éléments modulaires facilitent dans ce cas énormément le travail, dans la mesure où ils forment la structure du pilier, à l'intérieur duquel il suffit de couler du béton pour donner à l'ensemble sa solidité.

C'est une illustration des multiples possibilités qu'offrent ces matériaux, dont certains peuvent être dispensés d'être peints ou enduits : c'est le cas bien entendu des éléments modulaires en pierre reconstituée, qui donnent la parfaite illusion de la pierre.

Pour les sols, un certain nombre de produits se prêtent à la réalisation de dallages : il s'agit par exemple de pavés autobloquants ou d'éléments préfabriqués permettant la réalisation de terrasses ou d'allées, sans avoir pour autant une dalle de béton à couler.

Muret de clôture et pilier avec boîte aux lettres intégrée : construction réalisée avec des éléments modulaires en pierre reconstituée.

Eléments modulaires avant assemblage.

Réalisation d'un dallage avec des pavés autobloquants.

LES OUTILS DU MAÇON

La panoplie de base du maçon. Equipez-vous d'outils de bonne qualité, vous les conserverez plus longtemps.

Le génie de tout métier, c'est d'avoir su forger les outils sans lesquels il ne peut prétendre à son art. Les outils sont l'âme d'une profession, et cela est particulièrement vrai pour les bâtisseurs que sont les maçons. Ils constituent, pris isolément ou tous ensemble, les instruments indispensables à la mise en pratique des règles et des techniques nécessaires pour mener à bien les travaux.

Aussi, l'apprentissage des notions de base de maçonnerie passe-t-il par l'acquisition du maniement des outils dont il faudra s'équiper. Car, si pour certains la location est possible (pour une machine comme la bétonnière, par exemple), pour l'essentiel de la panoplie, vous n'hésiterez pas à investir dans des outils de qualité, qui, entretenus régulièrement, vous serviront de nombreuses années.

Gâchage du béton à la bétonnière : munissez-vous aussi d'une brouette pour le transport du matériau sur le lieu de travail.

POUR GACHER

Pour gâcher plâtre, mortiers ou béton, vous aurez besoin d'une auge (pour le plâtre) et d'une bétonnière. Sauf si vous avez de gros travaux à entreprendre et cela sur une période assez longue, il est plus économique de louer cette machine.

Pour la préparation du ciment, vous pourrez éventuellement prévoir une feuille de plastique ou un bac spécial, afin de protéger le sol. Un tamis à mailles fines, pour passer le sable et le ciment, une pelle, pour malaxer le mélange, un seau calibré, pour doser les proportions, seront à peu près tout ce qu'il vous faudra pour gâcher le mortier.

Prévoyez, en plus, pour gâcher le plâtre, une truelle.

Une feuille de plastique suffit pour gâcher le mortier. Elle vous évitera de souiller la pelouse.

POUR JOINTOYER

Le montage des matériaux de construction (pierres, briques, parpaings, carreaux, etc.) implique de les solidariser les uns aux autres par l'intermédiaire de plâtre ou de mortiers.

La mise en œuvre des plâtres et mortiers, intervenant après leur gâchage, se mène à l'aide de toute une panoplie de truelles aux lames de formes diverses adaptées aux différentes situations. Chacune d'elles en effet se prête à une utilisation déterminée, comme la truelle langue-de-chat, à lame étroite et à bout rond, pour la réalisation des joints entre les pierres et les parpaings, ou la truelle à joints, dont la lame étroite permet de façonner des joints en creux.

Mais les truelles servent aussi à déposer le mortier ou le plâtre sur les marériaux de construction au fur et à mesure qu'on les élève, comme c'est le cas de la bien nommée "truelle de maçon".

POUR ENDUIRE ET LISSER

Une fois le mur monté, il faut le plus souvent le recouvrir d'un enduit. Un tel enduit a pour fonction d'habiller et de protéger le gros œuvre. Aussi doit-on être particulièrement attentif à la qualité de sa mise en œuvre.

Vous aurez là aussi besoin de la truelle de maçon, dont la forme permet de projeter le mortier contre le mur. Une taloche constitue le complément essentiel à cette opération : elle sert au transport du mortier (ou du plâtre) ; on la tient alors de l'autre main.

Les taloches, parfois à bout pointu, servent aussi au lissage de l'enduit qui vient d'être appliqué ou de la dalle que l'on vient de couler. En matière plastique, en bois (qu'il est facile de fabriquer soi-même avec trois tasseaux et une planchette cloués) ou en métal, elles ont toutes la même fonction.

La forme de la truelle à joints se prête parfaitement à l'emploi de cet outil.

L'indispensable truelle de maçon et la taloche, pour projeter l'enduit.

Lissage d'une dalle avec une taloche en plastique.

Chevillettes et serre-joints pour maintenir en place un coffrage.

POUR LE BETON ARME

La réalisation d'ouvrages en béton armé, outre la bétonnière - ou la benne-brouette - pour la préparation du matériau -, demande l'utilisation de bois de coffrage et d'huile de vidange. Celle-ci, passée sur les faces intérieures du bois, facilite le décoffrage.

L'installation d'un coffrage et son immobilisation durant le temps de prise et de séchage du béton rendent nécessaire l'emploi de chevillettes et de serre-joints de maçon. Ces instruments, entièrement métalliques, doivent, pour tenir, être plantés dans la maçonnerie à l'aide d'une massette.

La massette vous sera également utile pour "vibrer" le béton : on procède pour cela en frappant sur les côtés du coffrage. Par ailleurs, la fabrication du béton armé implique l'insertion de fers torsadés au sein même du béton. Il s'agit de fers ronds, lisses ou tréfilés, de 3 à 40 mm de diamètre.

Pour être totalement efficaces, ces fers doivent être formés selon la pièce à mouler. On doit employer pour cela une

Impossible de plier les fers à béton sans cette griffe spéciale.

griffe à plier et quelques goujons retiennent le fer pendant son pliage.

Enfin, accessoire mais pourtant indispensable, une bonne scie égoïne vous permettra de débiter le bois de coffrage. N'oubliez pas aussi un bon marteau et quelques clous.

POUR MESURER, TRACER, CONTROLER

La maçonnerie est un travail de précision. Une erreur dès la première pierre, et c'est tout l'édifice qui risque d'en subir les conséquences.

Avant de commencer à poser la première pierre, il faut exactement déterminer l'emplacement du mur à élever et l'axe selon lequel il sera aligné. Vous utiliserez un mètre pliant ou un mètre ruban, une équerre, une règle métallique aux branches de 30 cm de long, une règle en bois ou en métal de 2 ou 3 m, qui permet aussi bien de tracer que de tirer le mortier lors du coulage d'une dalle.

Procurez-vous aussi un cordeau à poudre ainsi qu'un crayon (un crayon de menuisier fera l'affaire) pour les traçages.

Un niveau à fioles est également bien utile lors de la réalisation d'un sol maçonné : il permet de définir avec exactitude les différents niveaux du sol et le repérage de la hauteur du sol fini.

Tout au long de la construction d'un mur ou pendant le coulage d'une dalle, il faudra surveiller périodiquement l'horizontalité et la verticalité de l'ouvrage. Le fil à plomb et le niveau à bulles constituent, de ce point de vue, les instruments de base du maçon.

Contrôle de l'horizontalité de la pose (des dalles de schiste) avec la règle de maçon et un niveau à bulles.

Contrôle de la verticalité du montage des parpaings à l'aide du fil à plomb.

QUELQUES OUTILS COMPLEMENTAIRES

Si vous devez construire un muret, vous aurez besoin d'une pioche pour ouvrir la tranchée (la fouille) dans laquelle sera coulée la semelle de l'ouvrage. Il vous faudra aussi une dame pour égaliser sur le fond de la tranchée et pour tasser le béton.

La brouette est aussi indispensable, tant pour le transport des gravats que pour celui du béton, depuis la bétonnière jusqu'au chantier.

Signalons aussi que les travaux de coffrage demanderont l'emploi d'un marteau de charpentier (et de quelques clous) et d'un pied-de-biche pour les décoffrages.

La disposition des briques, parpaings, blocs de béton cellulaire, carreaux de plâtre, etc., lors du montage d'un mur (on parle d'"appareillage"), implique des coupes qui ne sont pas toujours très faciles à réussir.

Pour les briques pleines, il vous faudra un ciseau de briqueteur (qui sert aussi à l'ouverture de saignées pour encastrer des conduits ou pour réaliser des scellements).

Pour les briques creuses, le martelet permet d'amorcer la coupe que l'on finira en séparant les deux parties de la brique d'un coup sec. On opère de la même façon pour les parpaings.

Un disque à tronçonner est très appréciable pour la coupe des matériaux creux : son emploi est à recommander à ceux qui n'auraient pas encore l'expérience du martelet.

Pour les carreaux de plâtre et les blocs de béton cellulaire, une scie dite "à béton cellulaire" est suffisante : cet outil, dont la lame est pourvue de larges encoches circulaires, facilite beaucoup la coupe de ces matériaux ; elle doit absolument faire partie de votre équipement.

Les outils de coupe qui viennent d'être évoqués seront complétés d'une série d'instruments utiles à ouvrir des cavités

Massette et ciseau de briqueteur pour couper une brique pleine.

Coupe d'une brique creuse avec un disque à tronçonner.

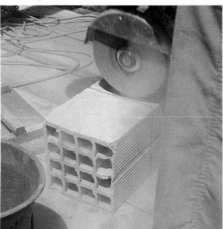

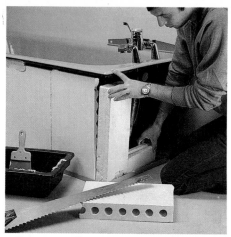

Pour couper les carreaux de plâtre, servez-vous d'une scie à béton cellulaire (au premier plan).

Installez un échafaudage solide pour travailler en hauteur en toute sécurité. Des entreprises spécialisées louent ce genre de matériel.

Maniement de la massette et du ciseau de maçon pour ouvrir une saignée d'encastrement.

de scellement ou les saignées. On retrouve là encore le ciseau de maçon (à lame plus étroite que celle du ciseau de briqueteur) et la massette, ainsi que les broches, dont la pointe permet de mieux pénétrer les matériaux durs.

Tel est, pour l'essentiel, ce qui devra constituer votre panoplie de maçon. Investissez dans des outils de bonne qualité : les résultats n'en seront que meilleurs.

Une dernière chose : nettoyez toujours les outils immédiatement après utilisation, car, une fois secs, le plâtre et le ciment sont très difficiles à éliminer. Enfin, rangez vos outils dans un endroit à l'abri de l'humidité afin de les préserver des attaques de la rouille.

TRAVAILLER EN TOUTE SECURITE

Ne négligez pas votre sécurité : la manipulation des matériaux et des outils comporte un certain nombre de risques. Dans ce domaine aussi, inspirez-vous des précautions que prennent systématiquement les professionnels.

Portez un casque et des chaussures renforcées qui vous protègeront des chutes de pierres et autres matériaux lors des opérations préalables de démolition.

Par mesure de prudence, conservez cet équipement durant les étapes de construction, surtout si vous devez poursuivre vos travaux sur un chantier où risquent de chuter différents produits, outils matériaux.

Si vous devez travailler en hauteur, faites-le sur un solide échafaudage. Pas d'équilibrisme !

Ne laissez pas traîner vos outils sur le chantier. Prenez garde en particulier aux fils d'alimentation des machines électroportatives (perceuse, meuleuse, etc.) : faites-les cheminer en hauteur pour vous éviter de vous prendre les pieds dedans ou de les sectionner.

Soyez vigilant au raccordement des outils électriques : s'ils sont branchés à l'extérieur, il est vital que cela se fasse sur une prise étanche raccordée à la terre. N'intervenez jamais sur un outil - pour changer une mèche ou une lame, par exemple - sans l'avoir débranché. Après utilisation, débranchez les appareils et rangez-les soigneusement. Si vous avez des enfants, pensez en effet à certains jeux innocents qui finissent parfois malheureusement par des drames...

Lors du maniement des outils tels que les broches, ciseaux, massettes, martelets, etc., portez de préférence des gants et des lunettes de protection : les premiers amortiront les coups sur les doigts (...), tandis que les secondes préviendront des éclats. En outre, si vous creu-

sez une saignée ou si vous ouvrez une cavité de scellement, tâchez de déduire l'emplacement d'éventuels conduits électriques encastrés. Vous apprécierez là aussi de porter des gants si par mégarde la pointe de la broche venait à heurter un câble sous tension...

De la même façon, faites attention aux canalisations enterrées, par exemple lors des travaux de terrassement qu'il est nécessaire de conduire pour l'établissement de fondations. Les canalisations électriques sont signalées par la présence d'un grillage rouge enterré : tenez-en compte.

Les règles de prudence sont souvent affaire de bon sens dans l'organisation du chantier et des travaux. Il ne faut donc pas les considérer comme une contrainte, mais bien comme un moyen pour obtenir de meilleurs résultats. C'est la leçon que nous enseignent les professionnels.

DELIMITEZ VOTRE ZONE DE TRAVAIL !

Inspirez-vous des professionnels qui interdisent l'accès de leur zone de travail en tendant des rubans de signalisation entre des piquets métalliques enfoncés dans le sol. Employez, si nécessaire, des barrières plus "énergiques" pour empêcher les animaux domestiques ou les enfants d'aller se promener sur la dalle que vous venez de couler ou le dallage tout neuf. Vous protègerez vos travaux et assurez du même coup la sécurité de tous.

LES PREPARATIFS

Quelques tours de main feront de vous rapidement un bon maçon.

Pour l'essentiel, la maçonnerie consiste à assembler des éléments de construction (briques, parpaings, etc.) avec un matériau qui permet de les faire tenir, une colle, un liant. Lorsque vous maîtrisez convenablement la préparation et la mise en œuvre de ces liants, vous êtes capable d'aborder la plupart des travaux, le reste est une question de perfectionnement.

A première vue, rien de plus facile que de gâcher du plâtre ou du mortier ; il suffit de mélanger le matériau en poudre avec de l'eau. En fait, les choses sont un peu plus compliquées. En effet, on constate très souvent que les mortiers, en séchant, se fendillent et se craquèlent, que les plâtres adhèrent mal, s'écaillent ou s'effritent. Une raison à cela : un gâchage mal fait.

Les opérations de gâchage concernent tout d'abord le choix du matériau, mais aussi la préparation du matériel, le dosage des composants, éventuellement l'addition d'adjuvants, et le mélange proprement dit.

Avant de commencer, n'oubliez pas que la surface - le fond - qui doit recevoir le mortier, le plâtre ou le béton, doit être parfaitement préparée. Les liants durcissent en effet par réaction chimique des composants, et le temps de prise est toujours limité. Cela implique aussi que les quantités préparées doivent toujours être adaptées.

Gâchage de plâtre en auge.

En fait, c'est le contraire qui est vrai. Le plâtre se caractérise en effet par un temps de prise assez bref, ce qui rend sa mise en œuvre toujours difficile. D'autre part, il suffit de peu de chose pour que le liant prenne mal : malaxage irrégulier, mauvais dosage, température trop basse ou trop élevée (ne travaillez jamais au plâtre quand il fait très chaud ou quand il gèle).

C'est d'ailleurs cette difficulté qui a fait de la spécialité de plâtrier une des plus estimées du bâtiment. Les plâtriers professionnels préparent l'exacte quantité dont ils ont besoin et la mettent en œuvre avec une grande rapidité ; ils obtiennent des plâtres d'une exceptionnelle dureté, capables de durer très longtemps et de résister aux chocs.

GACHER LE PLATRE

Le plâtre est le liant utilisé pour les travaux d'intérieur (scellements, enduits, rebouchages) et on constate que les débutants craignent moins de gâcher du plâtre que du mortier, estimant que c'est plus facile.

LE MATERIEL DE PREPARATION

Le plâtre, plus que tout autre matériau de construction, exige un matériel parfaitement propre. La présence d'impuretés risque non seulement d'affaiblir la cohérence, mais en outre de modifier voire d'empêcher la réaction chimique du durcissement.

On gâche en général dans une auge. Elles étaient anciennement en tôle, ou même en bois, mais on préfère aujourd'hui l'auge en plastique, plus légère et plus facile à manier. A défaut, vous pouvez fort bien utiliser une cuvette en plastique bien propre (soigneusement rincée); préférez les récipients de forme carrée ou rectangulaire, car il est plus difficile de récupérer le plâtre dans une cuvette ronde.

Avant de commencer le gâchage, le chantier doit être prêt à recevoir le matériau (n'oubliez pas, par exemple, la protection du sol ou l'humidification des briques pour les opérations de scellement).

Placez à proximité tous les outils dont vous avez besoin : truelles pour mélanger ou pour appliquer, plâtroirs rectangulaires pour le transport et le lissage, mais également l'outil pour battre le mélange (truelle, "trousse-couilles" ou mélangeur en adaptation de perceuse).

ATTENTION AUX MAINS !

Le plâtre liquide est un produit qui peut causer certaines allergies de la peau, et des brûlures. Il convient donc d'éviter d'y tremper les mains. Si vous avez une peau sensible, il est préférable de prendre vos précautions en utilisant des gants en caoutchouc.

LES PRODUITS A BASE DE PLATRE

Les enduits de rebouchage vendus en poudre, prêts à l'emploi, sont à base de plâtre. Ils contiennent des adjuvants qui retardent la prise et modifient les qualités de résistance mécanique et la plasticité. Ils sont plus faciles à gâcher et à mettre en œuvre que le plâtre pur. Vous pouvez donc y avoir recours pour tous les petits travaux et suivant les instructions de gâchage portées sur les emballages. Mais là aussi, un bon malaxage est essentiel pour la qualité du matériau.

TEMPS DE REPOS

Les fabricants conseillent de respecter un temps de repos entre la fin du malaxage et la mise en œuvre. En fait ce temps de repos doit être court (de l'ordre de 3 ou 4 minutes). Dans la pratique, vous profiterez de ce temps pour humidifier le support (afin que la maçonnerie n'absorbe pas l'eau de gâchage). Dans tous les cas, n'attendez pas trop longtemps car vous n'auriez pas assez de temps pour la mise en œuvre.

QUELLE QUANTITE PREPARER ?

Quand on débute, il est toujours difficile d'évaluer les quantités, et il s'agit d'une évaluation fondée sur le coup d'œil et l'expérience. Préparez toujours de petites quantités, et effectuez un deuxième gâchage si vous avez vu trop court. Si vous gâchez une trop grande quantité, vous serez obligé d'en jeter une partie (mais, encore une fois, n'appliquez pas du plâtre qui commence à durcir).

LE CHOIX DU PLATRE

Les fabricants proposent une très large gamme de produits et vous aurez peut-être du mal à vous y retrouver. Lisez attentivement les indications portées sur les sacs afin de ne pas utiliser un plâtre de moulage (très fin et plus cher) pour les scellements ou les enduits.

Certains plâtres contiennent des adjuvants qui modifient les qualités propres du matériau. Il s'agit généralement de retardateurs de prise qui permettent de disposer d'un temps d'ouverture plus grand pour la mise en œuvre. Ces retardateurs de prise peuvent être achetés à part et incorporés au moment de la mise en œuvre ; il existe d'autre part des produits permettant d'améliorer les qualités mécaniques et la plasticité du matériau.

LE DOSAGE

Pour les travaux courants (enduits peu épais), on adopte des quantités égales de plâtre et d'eau. On obtient ainsi, après la prise, une pâte assez liquide mais qui tient néanmoins sur la truelle. Pour tous les travaux de scellement, on a intérêt à disposer d'un plâtre plus épais. On peut donc mélanger 2 ou même 3 mesures de plâtre pour une mesure d'eau.

Pour les enduits importants, les plâtriers utilisent un plâtre très liquide : 1 ou 1,5 mesure de plâtre pour 2 mesures d'eau. Ce plâtre liquide est cependant assez difficile à mettre en œuvre (il permet d'obtenir des enduits très durs).

LE GACHAGE

La règle d'or consiste à verser toujours le plâtre sur l'eau (et jamais l'eau sur le plâtre car vous obtiendriez des grumeaux impossibles à éliminer). Le plâtre doit être

Pour gâcher du plâtre, commencez par verser de l'eau dans l'auge.

Saupoudrez ensuite le plâtre sur l'eau. Ne faites jamais l'inverse.

versé en pluie fine tout en battant l'eau avec la truelle, sans arrêt. Lorsque toute la poudre est versée, battez énergiquement.

Une fois le mélange fait, il n'est pas possible de rajouter de l'eau ni du plâtre car la prise ne serait pas homogène.

Le battage doit être très énergique afin d'obtenir une pâte tout à fait homogène. Pour une quantité assez importante, servez-vous d'un mélangeur en adaptation de perceuse qui permet de travailler très rapidement.

Un outil ingénieux et traditionnel est le "trousse-couilles" que vous fabriquerez vous-même en clouant un petit tasseau (un peu moins long que la largeur de l'auge) sur un autre tasseau qui servira de manche. Plantez de gros clous sur le petit tasseau, et passez un fil de fer, relié à un autre clou planté sur le manche. Ce "trousse-couilles" permet de remuer rapidement le mélange dans l'auge, dans un mouvement de va-et-vient.

LA PRISE

Le plâtre commence à prendre au bout de 4 ou 5 minutes. La pâte se fige et la température augmente. A ce moment, il faut arrêter complètement de remuer et appliquer immédiatement le matériau. Chargez-le sur le plâtroir et mettez-le en œuvre avec la truelle. Vous disposez d'une vingtaine de minutes pour appliquer complètement toute la quantité préparée.

Lorsque le plâtre commence à durcir, il n'est plus question de le mettre en œuvre.

Cet accessoire, simple à fabriquer soi-même, permet de remuer le mélange.

Brassez le mélange par un mouvement de va-et-vient.

Surtout, ne battez jamais une seconde fois car vous obtiendriez du plâtre mort qui ne durcirait pas.

GACHER LE MORTIER

Le mortier est préparé par mélange d'un liant (ciment ou chaux), de sable et d'eau.

LE LIANT

Les mortiers de ciment sont très résistants ; ils durcissent très rapidement et manquent de plasticité (difficiles à mettre en œuvre) ; en séchant, ils deviennent imperméables et se fissurent assez facilement. Les mortiers de ciment peuvent être utilisés pour les scellements.

Les mortiers de chaux se caractérisent par leur grande plasticité ; ils sont gras, onctueux et faciles à mettre en œuvre. En séchant, ils restent perméables à l'eau et assez friables. Les mortiers de chaux étaient autrefois les seuls à être utilisés dans la construction. Ils conviennent bien à l'assemblage de briques pour les murets ou les petits ouvrages.

Les mortiers bâtards sont gâchés avec un mélange de ciment et de chaux. Ils conjuguent les qualités - et les défauts - des deux liants ; ils sont à la fois plasti-

---

DES MORTIERS DE TOUTES LES COULEURS

Pour les crépis, ou certains jointoiements décoratifs, il peut être nécessaire d'utiliser un mortier coloré. On doit donc intégrer des colorants au moment de la préparation. Il s'agit de produits que l'on peut doser selon l'intensité de la teinte désirée. Pour obtenir des couleurs franches, il est préférable de se servir de ciment blanc.

Gâchage du mortier en bac.

Formez un cratère au centre du tas de sable.

ques et onctueux, et résistants. Ils laissent respirer la maçonnerie. Ce sont les plus utilisés pour l'assemblage des briques ou des moellons.

LE SABLE

Les grains de sable sont destinés à donner du corps, de la consistance au mortier. On doit utiliser un sable fin et parfaitement propre, c'est-à-dire sans trace de boue ou de terre. Si vous avez des doutes sur la propreté du sable, il faut commencer par le laver à grande eau. Le meilleur est le sable de rivière, fin et propre. On utilise aussi le sable de carrière.

En revanche, le sable de mer doit être prohibé à cause de sa salinité (sauf s'il est longuement lavé à l'eau douce).

LE DOSAGE

Il dépend de la destination du mortier, et donc de la résistance exigée. Un mortier grossier, comportant beaucoup de sable est évidemment moins résistant qu'un mélange avec une forte proportion de ciment. On pourra retenir les dosages suivants :

Pour 10 kg de ciment/chaux :

TRAVAUX	VOLUME DE SABLE (en l)
Mur non porteur (briques, pierres ou parpaings)	20 à 25
Mur porteur (briques ou parpaings)	15 à 20
Briques creuses	30

Préparation d'une petite quantité de mortier en auge.

Toutefois, pour les enduits, les quantités de sable peuvent être un peu plus importantes. L'enduit n'a pas besoin en effet d'avoir des qualités particulières de résistance mécanique ; la couche d'accrochage de l'enduit (gobetis) doit cependant être assez fortement dosée en ciment pour bien adhérer. Le corps d'enduit sera nettement plus friable.

Pour les chapes, on a besoin d'un mortier très résistant ; c'est pourquoi l'on a besoin d'un produit fortement dosé en liant. On mélange généralement 10 kg de ciment pour 10 litres de sable.

OU GACHER LE MORTIER ?

Pour les quantités peu importantes (destinées par exemple aux scellements ou aux petits travaux de réparation), le mortier peut, comme le plâtre, être gâché en auge. Utilisez une auge en matière plastique, parfaitement propre.

Le gâchage sur aire doit être retenu pour tous les travaux assez importants : construction de murets ou de murs. Il faut choisir une surface plane et propre afin que le matériau ne soit pas souillé de terre qui affaiblirait sa résistance. Le plus simple est de placer au sol une feuille en matière plastique assez épaisse (ce qui évite de salir les sols cimentés ou la pelouse). Il existe, en outre, de grands bacs plats en matière plastique, très pratiques, qui permettent de gâcher de grandes quantités.

LE MELANGE
DES COMPOSANTS

Versez sur l'aire (ou dans l'auge) le sable et le ciment (ou la chaux). Effectuez le mélange à l'aide d'une pelle (ou d'une truelle pour les petites quantités). Pour que le mortier soit homogène, les deux composants doivent être parfaitement mélangés. Ne craignez donc pas de remuer longuement. Ensuite, ménagez un cratère au centre du tas.

Versez alors l'eau de gâchage (servez-vous d'une eau claire et propre). Jetez peu à peu le mélange de sable et de ciment dans l'eau avec la pelle. Lorsque toute l'eau est recouverte, malaxez longuement avec la pelle, en hachant de la tranche de l'outil pour que l'eau pénètre bien.

Selon le type de liant utilisé, le temps d'ouverture est variable. Pour ne pas avoir de mauvaises surprises, considérez que vous disposez d'une demi-heure après le gâchage pour la mise en œuvre.

FABRIQUER DU BETON

Le béton se prépare selon la même technique que le mortier, mais avec un composant de plus : les granulats. Il s'agit de graviers de rivière, ou obtenus par concassage de pierres, ou encore de granulats artificiels comme le laitier concassé.

Les bétons utilisés dans le bâtiment se caractérisent par la présence d'agrégats de toutes grosseurs, alors que le béton préparé artisanalement emploie des graviers calibrés d'une seule grosseur, et du sable.

Il existe des types de bétons très différents selon le ciment utilisé, la technique de gâchage employée, le dosage, et la mise en œuvre. Il est évident que l'on n'a pas besoin du même béton pour sceller un piquet de clôture dans le sol que pour construire un mur (béton armé).

LE DOSAGE EN EAU

Le mortier doit être onctueux et non grumeleux ; il doit aussi tenir sur la truelle penchée sans couler. Le dosage en eau est surtout une question de coup d'œil. Vous commencerez donc par incorporer moins d'eau que nécessaire, puis vous en rajouterez. Il est parfois nécessaire de surdoser le mélange en eau, par exemple pour la couche de finition des sols cimentés ou pour le jointoiement de dalles ou de carreaux de sol. Un mortier surdosé en eau présente un fort retrait au séchage, alors qu'un mortier sous-dosé risque de s'effriter.

Déversez le ciment dans le cratère formé dans le tas de sable.

Mélangez bien sable et ciment : servez-vous d'une pelle.

Rassemblez le mélange en tas et formez un cratère dans lequel vous verserez l'eau.

Mélangez à nouveau en ramenant sable et ciment dans le cratère plein d'eau.

Hachez le mortier avec le tranchant de la pelle : ceci lui donnera sa consistance.

LES AGREGATS

Les détaillants proposent des graviers calibrés qui conviennent parfaitement. Evitez d'employer n'importe quels graviers qui peuvent être malpropres ou ne pas présenter une résistance suffisante.

LE CIMENT

D'une manière générale, le béton doit présenter une bonne résistance mécanique ; c'est pourquoi on utilise le plus souvent les ciments CPA (Portland artificiels) de classe 250 ou 325.

LE DOSAGE

Il dépend de la destination du matériau.

Pour ce qui concerne l'eau, il est assez difficile de donner une indication puisque le volume nécessaire dépend de l'humidité du sable, mais aussi des qualités recherchées pour le béton. Essayez d'obtenir un mélange assez onctueux, qui ne comporte pas de grumeaux (signe d'une excessive sécheresse). Un excès d'eau rend par ailleurs le béton difficile à mettre en œuvre. Si, après le malaxage, vous estimez que votre béton est trop sec, vous pouvez rajouter un peu d'eau, mais ajoutez alors quelques poignées de ciment pour ne pas compromettre la résistance du matériau.

Préparation de béton dans une benne-brouette. Cette machine, sur roues, permet de déplacer de grosses quantités de béton sans gros efforts.

Si vous avez l'intention de construire une grande dalle bétonnée dans votre jardin, ou si vous avez besoin de fondations importantes, il peut être avantageux de vous faire directement livrer du béton préparé industriellement par une bétonnière. Il existe aujourd'hui de nombreuses entreprises spécialisées qui proposent ce service. Vous pourrez ainsi disposer d'un béton de qualité dont les caractéristiques correspondront exactement à vos besoins. Vous devrez préciser l'heure exacte de la livraison, et tout prévoir pour être prêt pour la mise en œuvre. Si vous recevez une grande quantité, vous aurez sans doute besoin de main-d'œuvre.

LE GACHAGE SUR AIRE

On procède comme pour le mortier, en plaçant les différents composants en petits tas sur l'aire de gâchage. Pour doser les graviers et le sable, le plus simple est d'utiliser un seau dont vous connaissez la contenance. Procédez au mélange à la pelle en insistant longuement pour que l'homogénéité soit parfaite. Formez un cratère au sommet du tas, versez l'eau, et faites tomber le mélange à petits coups de pelles. Le malaxage est essentiel pour que la pâte soit onctueuse et qu'il ne subsiste pas de grumeaux. Donnez des coups du tranchant de la pelle.

LE GACHAGE A LA BETONNIERE

Il faut préférer le gâchage mécanique dès que les quantités à préparer sont im-

LE BETON BLANC

Il s'agit tout simplement de béton préparé avec du ciment blanc. On l'utilise dans un but décoratif, par exemple pour le coulage de dalles. Il convient alors de choisir des agrégats d'une teinte adaptée.

portantes, cela vous évitera bien des fatigues et des complications. Les bétonnières, électriques ou à moteur thermique, peuvent aisément se louer. Placez la machine (elle est dotée de roues) le plus près possible du lieu de mise en œuvre pour éviter le transport. Avant utilisation, vérifiez que la cuve est parfaitement propre, et nettoyez-la à l'eau si nécessaire.

Versez dans la cuve l'eau, le sable, le ciment et les graviers. Inclinez ensuite la cuve à l'horizontale en manœuvrant le levier, et faites-la tourner. Le temps de malaxage est assez court, il faut compter environ deux ou trois minutes pour obtenir une homogénéité satisfaisante. Un temps de malaxage trop long a pour inconvénient de séparer les agrégats (sous l'effet de la force centrifuge). Pour verser le béton frais dans le seau ou dans la brouette, il suffit de basculer la cuve à l'aide du volant.

LE COFFRAGE DU BETON

Le coffrage est utilisé pour donner au béton une forme particulière. C'est ainsi que l'on peut coffrer une dalle de surface quelconque, des piliers, des murs, des linteaux de fenêtre, ou encore des poteaux

Si vous avez de grandes quantités de béton à préparer, faites-le avec une bétonnière (que vous pourrez louer). Commencez par verser l'eau nécessaire dans la machine.

Remplissez ensuite la cuve de la bétonnière de sable.

Incorporez la quantité de ciment voulue, selon les dosages préconisés pour votre ouvrage.

Ajoutez les graviers, puis fermez la cuve et mettez la machine en marche. Prévoyez une brouette pour recueillir le béton.

LES ADJUVANTS

Il s'agit de produits que l'on incorpore au béton au moment du gâchage, et qui lui donnent des qualités particulières. Mais il existe aussi des produits prédosés, dont l'utilisation s'avère souvent préférable. Un des adjuvants les plus utilisés est le retardateur de prise qui permet de disposer d'un temps de mise en œuvre plus long, mais on se sert aussi d'accélérateurs de prise, d'accélérateurs de durcissement, de plastifiants qui donnent plus de souplesse au matériau, etc.

de clôture. Le coffrage doit donc utiliser un moule qui reçoit le béton liquide, et qui est ensuite démonté après séchage.

REALISATION DU COFFRAGE

On utilise généralement des planches solides et rabotées sur le côté tourné vers l'intérieur du moule. On peut également se servir de contre-plaqué spécial coffrage (qualité CTB-X) qui donne de très bons résultats (et qui laisse une surface parfaitement lisse au béton sec).

La construction du coffrage est la phase la plus importante du travail et il convient d'y apporter le plus grand soin. Les coffrages doivent être solides, et convenablement assemblés par clouage, avec renforcement d'étais et de serre-joints. N'oubliez pas que le béton est lourd et qu'il peut facilement plier une planche trop mince. Les clous du coffrage sont enfoncés simplement à demi afin de faciliter le déclouage. Vérifiez que les angles de votre coffrage sont parfaitement d'équerre et que les planches sont rigoureusement jointives pour éviter les coulures.

Préparez très soigneusement le coffrage. Contrôlez sa verticalité et son niveau, assurez-vous de sa solidité et surtout veillez que les serre-joints et les chevillettes soient bien fixés.

Vous pourrez acheter des ferraillages tout préparés pour un certain nombre d'utilisations. Mais dans bien des cas, il faudra les réaliser vous-même.

Déversez le béton dans le coffrage.

Frappez à coups de marteau ou de massette sur les côtés du coffrage afin de "vibrer" le béton : ceci permet de bien tasser le matériau à l'intérieur du coffrage.

LE FERRAILLAGE

Les ouvrages coffrés sont renforcés de fers car le béton lui-même manque de résistance. Même une simple dalle de petite dimension, par exemple le dessus d'un barbecue de jardin ou la paillasse d'un évier doit être ferraillée.

On utilise des fers d'armature pour béton, tordus selon la forme de l'ouvrage et liés entre eux par un fil de fer spécial. Les fers doivent être distants des parements de l'ouvrage d'au moins 20 mm pour empêcher l'oxydation ; l'armature métallique est généralement calée avec des pièces de bois qui sont enlevées au moment du coulage (ce qui implique que le béton soit suffisamment épais pour que les fers ne bougent pas).

LE COULAGE

Pour faciliter le décoffrage, utilisez des huiles de décoffrage ou de l'huile de vidange qui s'appliquent sur le bois : elles empêchent l'adhérence du matériau. Coulez tout le béton en une seule fois (vous devez donc calculer exactement la quantité nécessaire). Frappez ensuite sur le coffrage à coups de marteau pour "vibrer" le béton afin qu'il pénètre bien partout, et qu'il ne subsiste pas de poches d'air. Le temps de séchage avant le décoffrage est généralement de 48 heures ; le béton est alors parfaitement solidifié, même s'il n'est pas complètement sec.

ATTENTION A LA TEMPERATURE

Comme tous les matériaux préparés à base de ciment, le béton n'aime pas le froid, ni la chaleur excessive. Evitez surtout de travailler quand le thermomètre flirte avec le zéro. La prise ne se fait pas en-dessous de 5°C, même si un antigel a été incorporé à l'eau de gâchage. Si le soleil est violent, vous devrez protéger vos ouvrages en béton d'une bâche pour empêcher une évaporation rapide de l'eau de gâchage, ce qui entraînerait un affaiblissement et des craquèlements.

LA MISE EN ŒUVRE

Réglage d'une dalle.

Les techniques de base dont il a été question précédemment vont nous permettre d'aborder la réalisation de quelques travaux. Leur degré de difficulté ne tient pas à l'importance des matériaux et des produits nécessaires à leur mise en œuvre. Ainsi, appliquer un enduit correctement ou obtenir un bon scellement au plâtre peut s'avérer parfois plus difficile que de monter une cloison par exemple. Dans tous les cas, même si la méthode et l'attention ne peuvent remplacer l'expérience, elles vous seront indispensables pour travailler bientôt "comme un pro".

LES SOLS

A l'intérieur de la maison, avant de créer ou de rénover un plancher, il est indispensable de s'assurer que les structures porteuses de la construction pourront supporter le supplément de charge. Le béton en effet, grâce auquel vous allez couler la dalle, représente un poids important. De plus, le nouveau plancher va prendre appui sur les murs existants, dont il faut vérifier avant tout la solidité.

Cet examen doit porter tant sur la nature même des murs, qui doivent être capables de supporter la charge supplémentaire, que sur l'état de la maçonnerie qui a pu être fragilisée au fil des ans. L'humidité est peut-être la cause de fissures qui risquent de s'aggraver si l'origine du mal n'est pas traitée. Il est possible qu'un mauvais drainage en sous-sol en soit la cause... Ne vous contentez pas de résoudre l'apparence de tels problèmes. Prenez conseil auprès de spécialistes, faites intervenir les professionnels si nécessaire, avant de commencer vos

travaux. Il vaut mieux perdre un peu de temps (et un peu d'argent) au point de départ, mais opérer ensuite dans de bonnes conditions afin d'obtenir les résultats escomptés.

La présence de salpêtre est signe d'un mur humide. Il faut en chercher la cause et y apporter remède.

Traitement en surface d'un mur humide.

QUEL SOL ?

Etant destinée à recevoir un revêtement tel que du carrelage ou un dallage, une dalle doit former un sol de bonne qualité. En ce sens, la couler exige beaucoup de soin.

Couler une dalle pour constituer le sol d'une pièce de plain-pied, un garage, une cave ou un sous-sol, est, bien entendu, un travail plus simple que celui qui consiste à créer le sol d'une pièce en étage. Pourtant, la réalisation d'un sol en rez-de-chaussée peut se faire de deux façons : sur vide sanitaire ou directement sur terre-plein.

SUR LE BON TERRAIN

Quand vous choisirez le terrain où bâtir votre maison, ne vous décidez pas seulement sur sa situation géographique, ni même sur son orientation. Pensez aussi qu'il va recevoir les fondations de votre maison et examinez-le (ou faites-le examiner) en conséquence. Trop humide, il pourrait présenter des inconvénients parfois difficilement surmontables. Au moment de l'achat, pensez donc aussi à l'assise sûre et stable dont les fondations ont besoin.

❑ DALLE SUR TERRE-PLEIN

Il est possible de réaliser une dalle sur terre-plein (sur un sol en terre battue, comme lorsqu'on entreprend la rénovation d'une maison à la campagne), à condition que la nature du terrain le permette. Les matériaux de maçonnerie étant poreux, ils ne peuvent constituer une barrière satisfaisante à l'humidité.

Aussi, établir un sol directement sur un terre-plein n'est possible que si le terrain est de bonne qualité et bien drainé. Sinon, les remontées capillaires risquent, à la longue, de détériorer votre ouvrage.

Mise en place des canalisations d'évacuation dans un sol en terre battue, avant coulage de la dalle.

Réglage de l'armature avant le coulage d'une dalle de béton sur hérisson.

Sur terre battue, il est nécessaire, pour cette raison, de réaliser un hérisson (couche de caillasses) de 20 cm d'épaisseur, dans lequel seront éventuellement incorporées les canalisations de plomberie. C'est là un autre problème à considérer : les canalisations d'évacuation ne sont alors plus accessibles.

Pour combattre les remontées d'humidité, une bonne solution consiste à placer une feuille de polyéthylène sur toute la surface du sol avant de couler la dalle. Pour obtenir une meilleure protection, faites remonter le polyéthylène de quelques centimètres contre les murs. En outre, un certain nombre de produits isolants que vous trouverez dans tous les commerces spécialisés, vous aideront à réaliser un ouvrage de qualité et parfaitement protégé. On trouve couramment, par exemple, des panneaux isolants en polystyrène, que l'on pose, dans le cas d'une dalle sans vide sanitaire, directement sur le hérisson, par-dessus le film de polyéthylène.

Pose de panneaux isolants (polystyrène) sur lit de sable avant réalisation d'une dalle.

❏ DALLE SUR VIDE SANITAIRE

Dans ce cas, la dalle repose sur les mêmes fondations que les murs porteurs. Une telle solution est certes plus difficile à mettre en œuvre, dans la mesure où elle rend le coffrage et le ferraillage de la dalle indispensables (contrairement à l'exemple précédent). Mais là n'est pas la principale difficulté.

Une dalle de béton armé de 15 cm d'épaisseur représente un poids de près de 400 kg/m², sans compter la charge que le plancher sera appelé à supporter. Aussi, pour que ce dernier ne subisse pas de déformations, un certain nombre de règles sont à respecter. Nous nous contenterons ici de n'en citer que les principales.

Installation d'une feuille de polyéthylène sous l'armature.

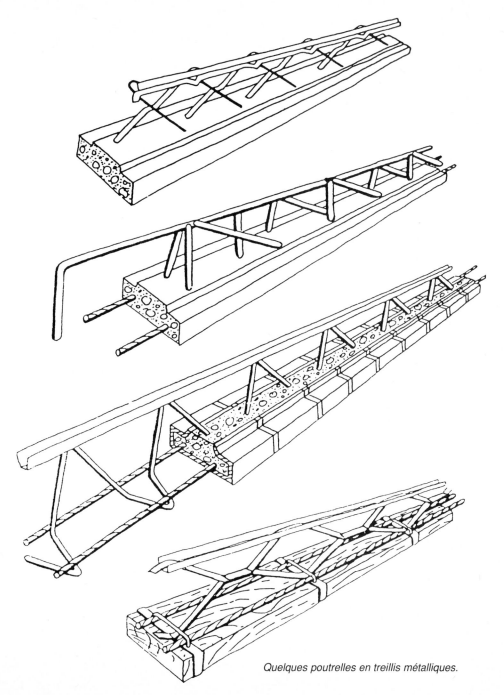

Quelques poutrelles en treillis métalliques.

L'épaisseur du plancher doit être proportionnelle à sa portée, celle-ci se mesurant de la face intérieure d'un mur d'appui à la face de l'autre mur. Par exemple, pour une portée de 3 m, la dalle aura 12 cm d'épaisseur maximum ; pour 4 m, 14 cm, etc. Il est évident que l'avis d'un professionnel est indispensable.

De plus, la dalle sera véritablement ancrée dans les murs, à des profondeurs variables selon la nature de la maçonnerie. Ces différents calculs seront plus compliqués encore si vous envisagez le montage d'une cheminée et d'un conduit qui représenteront une charge ponctuelle supplémentaire.

Ne vous lancez pas dans la réalisation de la dalle avant d'avoir défini exactement les points qui précèdent. Par la suite, la mise en œuvre elle-même en sera facilitée, même si elle reste complexe, demandant l'établissement d'un solide coffrage.

A côté de cela, une dalle sur vide sanitaire présente de nombreux avantages. Elle repose sur les murs de fondations, avec lesquels elle présente une bonne liaison ; elle ne souffre pas d'un contact direct avec la terre, ce qui contribue à la préserver des remontées d'humidité ; enfin, elle garde les canalisations d'évacuation visitables, ce qui peut s'avérer très utile.

❏ PLANCHERS EN BETON SUR POUTRELLES

Leur principal intérêt est de vous dispenser des longs travaux préparatoires de coffrage. En effet, réaliser de tels planchers fait intervenir l'emploi de poutrelles qui constituent l'élément porteur du plancher. Ces poutrelles, en treillis métalliques (p. 57), en béton armé ou en béton précontraint en forme de T, ou encore en terre cuite comportant un canal central servant de coffrage à du béton, sont associées à des entrevous (appelés communément "hourdis"). Poutrelles et entrevous doivent présenter des formes compatibles. Dans le cas contraire, la solidité du plancher serait gravement affectée.

L'extrémité des poutrelles reposant sur les murs d'appui, les poutrelles elles-mêmes doivent présenter un entraxe précis (un plan de pose vous sera généralement fourni). Un entraxe (écartement entre deux poutrelles) trop large n'offrira pas un appui suffisant aux entrevous ; un entraxe trop serré gênera la pose des entrevous. Pour vous éviter de tels problèmes, posez un entrevous d'espacement à chaque extrémité au fur et à mesure de la mise en place des poutrelles.

Réaliser un plancher à l'aide de poutrelles et d'entrevous est à la portée de l'amateur. C'est un travail qui ne demande pas de moyens de manutention très importants, raison pour laquelle c'est une solution fréquemment retenue, également par les artisans.

Les entrevous, dont on distingue deux grandes catégories (entrevous de coffrage destinés à être recouverts d'une dalle de répartition ; entrevous porteurs qui répartissent directement les charges qu'ils portent sur les poutrelles), sont des éléments fabriqués en usine et qui permettent, en conséquence, de réaliser rapidement un plancher.

Une telle solution laisse aussi un vide sanitaire (avec les avantages que nous avons évoqués plus haut) ; elle demande une très grande attention dans la mise en place des poutrelles et beaucoup de précautions dans l'installation des étais nécessaires.

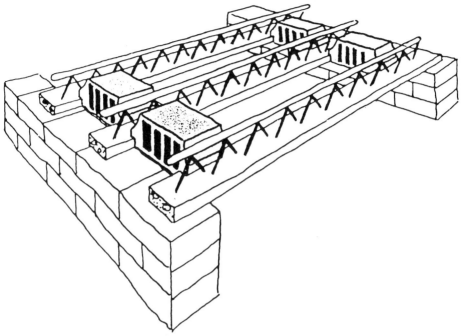

Schéma de pose d'entrevous sur poutrelles, avec vide sanitaire.

COULER UNE DALLE

Définition du sol fini. Remarquez le tracé sur le mur.

Servez-vous d'un niveau à fioles pour déterminer quelques repères sur les murs de la pièce situés à 1 m du sol fini. Tenez compte en effet du fait qu'il faudra peut-être réaliser un hérisson si vous intervenez sur un sol en terre battue (p. 55) ; ajoutez l'épaisseur de la dalle (souvent 8 cm) et celle de la chape (2 cm) qu'il faudra couler par-dessus.

Matérialisez ces différents niveaux sur quelques piges (trois ou quatre) que vous placerez en divers endroits, contre les murs. N'oubliez pas de porter sur ces piges la distance de 1 m du sol fini. Tracez (au cordeau à poudre) la ligne reliant les repères pris à 1 m du sol fini sur les murs et placez les piges en faisant coïncider les traits supérieurs avec cette ligne.

Ces préparatifs vont vous permettre, dans un premier temps, de creuser le sol afin de disposer la couche de pierres et de graviers qui vont former le hérisson. Si vous devez incorporer les fluides (canalisations), prévoyez leur emplacement maintenant.

❏ LE HERISSON

Il constitue une couche drainante (protégeant le sol des remontées capillaires) et un support en même temps. En conséquence, si le plancher ne doit pas supporter de lourdes charges, vous pourrez remplacer le hérisson par une couche de sable et de gravier, bien ratissée et bien damée (tassée).

Remplissez bien l'excavation de pierres, de gravier et de sable jusqu'au niveau indiqué sur vos piges (20 cm). Comblez les vides et tassez fortement pour que l'ensemble soit bien ferme et homogène.

❏ LE COFFRAGE

Il est indispensable si la dalle doit reposer sur deux appuis (au-dessus d'un vide sanitaire). Il soutient et contient le béton lors du coulage et pendant tout le temps de séchage. Il doit être parfaitement solide tout en ne comportant qu'un minimum de joints. Il doit être stable, étanche, résistant à l'humidité contenue dans le béton. Il doit aussi correspondre exactement aux dimensions de la dalle à couler.

Utilisez des feuilles de contre-plaqué spécial. Mieux vaut se servir de grandes feuilles de bois posées sur des traverses plutôt que de fabriquer un coffrage avec plusieurs joints, qui demande beaucoup de temps de préparation (clouage) et dont l'étanchéité n'est pas aussi bien garantie.

Un bon étayage assure la rigidité suffisante pour que l'ouvrage ne subisse aucune déformation.

❏ PREPARATION DU BETON ET COULAGE DE LA DALLE

Vu la quantité de béton nécessaire, l'emploi d'une bétonnière est indispensable. Faites vos calculs à partir de l'épaisseur de la dalle voulue et vous vous en rendrez vite compte ! Ce calcul vous permettra, en outre, de déduire les quantités de sable et de graviers qu'il vous faudra pour la fabrication du béton.

Pour chaque mètre cube, préparez le béton à raison de : 0,51 m³ de sable, 0,75 m³ de gravier et 300 à 350 kg de ciment.

Avant de couler le béton, placez sur le sol des guides selon lesquels vous allez "tirer" la dalle. Ces guides, de longues lattes de bois disposées parallèlement, doivent être installés de sorte que leur face supérieure corresponde au niveau de la dalle. Réglez leur hauteur en les plaçant sur des plots de béton. Veillez à ce que les lattes soient bien horizontales (servez-vous pour cela du niveau à bulles). Mettez autant de lattes que la largeur de la pièce et celle de la règle avec laquelle vous allez tirer le béton l'exige.

Déversez le béton sur le sol, en commençant par le fond de la pièce. Tassez le béton puis faites glisser la règle sur les lattes guides et tirez l'excédent de béton vers vous. Recouvrez de la même façon toute la surface de la pièce, en terminant, à reculons, vers la porte d'entrée.

Retirez les lattes guides avant que le béton ne durcisse complètement. Comblez les vides en vous déplaçant à reculons dans l'espace libéré. Lissez sommairement à la taloche : la chape de finition viendra rattraper les petites imperfections.

Installation de cales avant le coulage du béton.

Tirage du béton, la règle glissant sur les lattes guides.

Damage du béton.

❏ FERRAILLAGE

Une dalle coffrée doit être ferraillée. L'armature doit assurer sa résistance. Elle est constituée de fers disposés perpendiculairement. Si vous coulez la dalle sur un film de polyéthylène, placez l'armature sur le film. Les fers doivent être en effet bien enrobés dans le béton. Pour cela, placez par endroits quelques petites cales pour

UN PETIT TRUC

Lorsque vous mettez en place l'armature d'une dalle, maintenez-la soulevée de 4 cm à l'aide de petites cales. De cette façon, les fers se trouveront parfaitement enrobés lors du coulage du béton, l'armature étant alors située à mi-épaisseur environ de la dalle.

surélever l'armature. Par ailleurs, si la dalle est coffrée, ne mettez jamais l'armature en contact avec le coffrage. Là aussi, placez quelques cales pour les désolidariser. Ces cales, impossibles à retirer après le coulage du béton, seront quelques petites pierres de bon calibre.

❏ DECOFFRAGE

Si le béton est coulé dans un coffrage, il doit être vibré afin de bien remplir tout l'espace, sans vide, et d'être bien compact. Ceci s'obtient en frappant fortement les côtés du coffrage. Le tassement du béton sur le sol (voir plus haut) n'avait pas d'autre but.

Le décoffrage intervient lorsque le béton a suffisamment durci. Bien entendu, le temps de séchage peut varier selon les conditions atmosphériques. Si la température n'est pas descendue au-dessous de 8°C, vous pourrez décoffrer la dalle 8 jours après le coulage. Ces délais peuvent être réduits s'il fait plus chaud.

UNE AIRE DE BETON

Une cour maçonnée, une allée de jardin ou un chemin de roulement bétonnés sont fort appréciés. Ils rendent l'entretien et les déplacements plus simples.

A l'extérieur, la dalle d'une cour sera réalisée de la même façon que celle d'une pièce intérieure. Mais attention : il faut lui donner une légère pente et prévoir l'écoulement des eaux. Cette pente sera de l'ordre de 2 à 3 cm/m.

Pour un chemin de roulement, prévoyez une dalle armée de 10 cm. Une telle épaisseur résistera aisément au poids d'une voiture.

Mais attention : recouvrez votre ouvrage si le temps est sec ou s'il fait du vent. L'eau contenue dans le béton s'évaporerait trop rapidement, ce qui pourrait nuire à la qualité de la construction.

Si vous avez pris la précaution d'enduire le bois d'huile de décoffrage, vous ne rencontrerez aucun problème majeur.

DRESSER UNE CHAPE

Une chape de ciment a pour fonction de rattraper les petites inégalités de la dalle. Cette dernière, quoique de niveau et parfaitement plane, n'a été que sommairement lissée. La chape est donc, en quelque sorte, la couche finale de la dalle.

Le mortier nécessaire à la chape se prépare avec du ciment et du sable, mais dans le cas de rénovation, on peut aussi utiliser des produits autolissants (dits de "ragréage") faciles à préparer (par mélange avec de l'eau et malaxage) et à mettre en œuvre.

La chape représente la semelle sur laquelle le revêtement de sol sera posé. Aussi doit-elle être parfaite. Pour la réaliser, procédez de la même façon que pour la dalle. Mettez en place des lattes guides sachant que son épaisseur sera de 2 cm. Basez-vous sur les piges verticales disposées au début des travaux et que vous n'avez toujours pas ôtées.

En finition, lissez le mortier très soigneusement. Laissez sécher pendant encore huit jours, mais n'oubliez pas d'enlever les piges avant. Tenez la pièce aérée et arrosez le sol de temps en temps s'il fait très chaud : une évaporation trop rapide peut en effet entraîner la formation de fissures dues au craquèlement.

Etendue d'un produit de ragréage (auto-lissant).

Définition du niveau d'une chape selon le sol de la pièce voisine.

Réalisation de la chape.

Remplissage des vides laissés par les lattes guides.

POSE D'UN DALLAGE

La pose de dalles sur mortier (des dalles de schiste sur nos photos) est à la portée de tous. Un minimum de connaissances relatives à la préparation du mortier vous seront nécessaires, ainsi qu'une bonne organisation dans votre travail.

Les dalles de pierre constituent un revêtement pour l'intérieur ou pour l'extérieur particulièrement intéressant du fait de sa résistance et de sa valeur décorative. Ne vous en privez pas !

Les dalles sont posées "à bain soufflant de mortier", c'est-à-dire directement sur du mortier frais. Celui-ci sera étendu sur une dalle de béton existante ou sur un hérisson.

Etablissez un lit de mortier de 5 cm d'épaisseur environ. Ne recouvrez pas toute la surface de mortier tout de suite. Procédez progressivement, au fur et à mesure de la pose des dalles.

Mettez deux premières dalles en place, écartées de près d'un mètre. Posez une règle sur ces deux dalles et réglez leur niveau en les enfonçant dans le mortier ou au contraire en rajoutant un peu de mortier dessous. Vérifiez le niveau de la pose à chaque étape.

N'espacez pas trop les dalles les unes des autres. La pose se fait en *opus incertum*, appareillage irrégulier qui convient bien à ce genre de dallage. Examinez chacune des dalles avant de la poser : choisissez-la selon sa forme et placez-la de façon que son côté le plus beau reste apparent.

Donnez une bonne assise à la dalle en la frappant de quelques coups du manche de la massette.

L'aire recouverte, vous passerez à la réalisation des joints. Remplissez-les de mortier, et lissez ce dernier avec la truelle. Peaufinez le lissage avec une éponge humide. Laissez sécher 8 jours environ. S'il fait trop chaud ou qu'il y a du vent, s'il risque de pleuvoir, recouvrez la dalle d'une feuille de matière plastique.

Deux dernières choses à savoir :

- le mortier bâtard nécessaire se prépare à raison de 3 parts de sable, 1/2 part de ciment et 1/2 part de chaux ;

- si le dallage est réalisé à l'extérieur, donnez-lui la pente qui convient pour un bon écoulement de l'eau de pluie.

PAVES AUTOBLOQUANTS SUR LIT DE SABLE

Comme le suggère leur nom, les pavés autobloquants n'impliquent pas l'emploi de mortier de scellement. Leur forme suffit à les maintenir solidaires, et ils constituent alors des ensembles intéressants pour la création d'une cour, d'une terrasse, d'une allée, etc.

Parfaitement résistants (les aires réalisées à l'aide de pavés autobloquants peuvent supporter un trafic intense et de lourdes charges), les pavés le resteront à condition d'être posés sur un sol bien préparé. Vous pouvez être amené à établir un hérisson si le sol est humide et s'il doit servir de base à un chemin de roulement. Dans tous les cas, veillez à ce que la terre soit bien drainée (installez, si besoin, un système de drainage complémentaire). Si un hérisson ne se révèle pas nécessaire, vous disposerez néanmoins une couche de gravier après avoir creusé la terre, sur une profondeur de 15 cm environ, sur toute la surface à paver.

Après avoir dégagé la terre, déterminez la hauteur du sol fini. Tracez-la au cordeau, sur les bas des murs avoisinants. La hauteur du sol fini doit tenir compte de la hauteur de pavés (5 cm), de l'épaisseur de la couche de sable (5 cm) et de celle

Pose de la première dalle (de schiste) sur lit de mortier.

Contrôle de l'horizontalité de la première dalle.

Coupe d'une dalle à la meuleuse.

Jointoiement du dallage.

Lissage des joints avec une éponge humide.

de gravier (3 à 5 cm, plus s'il s'agit d'un hérisson de pierres).

Etalez uniformément les graviers et damez-les. Calez ensuite deux bastaings qui, disposés parallèlement, vont vous servir de guides pour dresser la couche de sable (même méthode que pour le coulage d'une dalle, p. 60). ATTENTION : n'oubliez pas de donner la pente nécessaire à l'écoulement de l'eau (2 à 3 cm/m).

Déversez le sable et "tirez"-le en faisant glisser une règle sur les bastaings. L'assise de sable constituée, vous pourrez commencer la pose des pavés.

Posez les pavés sur le sable. Donnez-leur une bonne assise en frappant dessus avec un maillet en caoutchouc pour ne pas les endommager. Emboîtez les pavés les uns dans les autres, et vérifiez régulièrement l'horizontalité de la pose. Si vous utilisez des pavés de différentes couleurs, vous pourrez créer des motifs selon vos goûts.

Pose de pavés autobloquants : donnez leur assise aux pavés en frappant dessus avec un maillet en caoutchouc.

Etape finale : remplissage des joints au sable.

En cours de pose, vous serez inévitablement amené à effectuer des coupes : réservez-les pour les angles où elles seront le moins visibles. Pour les réaliser, servez-vous d'une meuleuse.

Les pavés posés, damez-les fermement. En finition, jetez un peu de sable dessus et brossez-le pour le faire pénétrer entre les pavés. Arrosez légèrement pour faciliter la pénétration du sable dans les joints.

MARCHE EN BETON

Quelques marches constituent le prolongement logique d'un sol, même si celui-ci est établi en rez-de-chaussée. La technique de fabrication d'une ou de plusieurs marches ne différera pas, si elles doivent, par ailleurs, servir de communication entre une terrasse et une allée de jardin. Dans le jardin lui-même, vous pourrez être appelé à fabriquer un petit escalier selon le relief de votre terrain : dans ce cas, préférez la pierre au béton apparent.

La réalisation d'une ou de plusieurs marches fait intervenir la technique du coffrage. Vu l'épaisseur du béton (correspondant à la hauteur de la marche), celui-ci pourra se passer d'armature. Fabriquez le coffrage à l'aide de contreplaqué (CTB-X). En fait de coffrage, il s'agit simplement de planches fixées verticalement contre les murs. Si la marche doit dépasser le plan des murs, placez des planches qui permettront de former ses angles. Lors de la fixation de ces planches d'arrêt, vérifiez leur verticalité et leur horizontalité. Le chant supérieur de chacune des planches de coffrage constitue en effet le niveau de chacune des marches. Si vous n'avez qu'une marche à créer, dont la face extérieure se trouve dans le plan des murs de façade, il vous

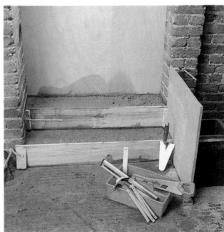

Vue du coffrage et des outils nécessaires à la réalisation des marches.

suffira de fixer solidement une seule planche de coffrage contre les murs.

Votre coffrage en place, préparez et déversez le béton. Auparavant, placez quelques pierres au fond du coffrage : ceci limitera la quantité de béton nécessaire. ATTENTION : vous pourrez vous servir de pierres et de gravats de ciment, mais jamais de plâtre.

Remplissez le coffrage de béton et tassez-le bien.

Pour lisser le dessus de la marche, guidez-vous sur le bord du coffrage.

Façonnage du nez-de-marche avec un fer à joint.

Lissage final avec une petite taloche.

Tassez le béton dans le coffrage et vibrez-le en donnant quelques coups de marteau sur les planches. Lissez ensuite à la taloche le niveau de la marche, en prenant comme référence le bord supérieur de la planche. Décoffrez après séchage. Pour terminer, formez le nez-de-marche à l'aide d'un fer à joints et passez éventuellement une boucharde (rouleau à picots) avant séchage total pour rendre la surface des marches antidérapante.

MURS ET MURETS

Le montage d'un muret, même peu élevé, est un travail de maçonnerie qui doit être effectué dans les règles de l'art : il faut être certain que la construction ne risque pas de s'ébouler (ce qui représente évidemment un danger), ni de se fendiller. Vous prêterez donc une grande attention aux fondations (ou au support, à l'inté-

Un muret de briques n'a pas seulement une fonction utilitaire. Il s'intègre très bien au décor végétal d'un jardin.

rieur), ainsi qu'à l'organisation des éléments de construction qui doivent être disposés de telle sorte que le mur ait une cohésion propre (cette disposition des éléments s'appelle "appareillage"). D'autre part, choisissez des matériaux adaptés au style de la construction : pierres ou briques pleines pour les murets décoratifs, parpaings et briques creuses pour les murets à enduire, briques plâtrières et carreaux de plâtre à l'intérieur.

LES FONDATIONS

Il n'est évidemment pas question de faire reposer une construction maçonnée directement sur le sol (sauf dans les cas très exceptionnels où l'on construit directement sur de la roche). Même pour une réalisation relativement légère - une jardinière ou un petit barbecue - vous devez implanter une solide semelle de béton qui apportera à la maçonnerie l'indispensable assise et la rigidité. Cette semelle doit être plane, et de dimensions suffisantes pour assurer le soutien de la construction.

❏ LE TRACAGE AU SOL

Matérialisez au sol les dimensions des fondations à l'aide de cordeaux (ou encore en traçant des lignes en répandant un peu de plâtre). La largeur des fondations doit légèrement excéder celle du muret afin d'apporter une bonne stabilité. Pour faciliter les choses, on pourra adopter une largeur double de celle du muret dans la plupart des cas, ou un peu moins s'il s'agit de murets décoratifs larges et peu élevés (destinés par exemple à intégrer un bac à plantes). Lorsque vous avez déterminé la bonne largeur, tracez au sol en ouvrant une saignée de la pointe de la pioche.

❏ LA FOUILLE

Creusez à l'aide de la pioche, de la bêche et de la pelle, et évacuez la terre. Vous aurez besoin d'une barre à mine si le terrain est pierreux. La profondeur de la fouille dépend évidemment de l'importance de la construction. On peut adopter une épaisseur de semelle de 5 à 10 cm pour un muret ne dépassant par 1 m de haut ; on ajoutera 5 cm par mètre supplémentaire. Si le sol est particulièrement meuble et instable, il faut augmenter l'épaisseur. Lorsque l'humidité est importante, vous pouvez prévoir la mise en place, sous la semelle, d'un hérisson de pierres ou de gravier plus ou moins épais qui assurera le drainage et l'écoulement des eaux.

Pour assurer une bonne base de départ à la construction, la semelle doit être parfaitement horizontale, ce qui implique que le fond de la fouille le soit aussi. Servez-vous du niveau à bulles posé sur une planche pour régler cette horizontalité. Si le terrain est très en pente, on réalise une fouille en escalier, les différentes sections de la semelle étant coulées l'une après l'autre.

❏ COULAGE DE LA SEMELLE

Dans le cas de petites constructions, on coule le béton directement dans la tranchée. Tassez d'abord fermement le fond de la fouille à l'aide d'une dame. Etendez ensuite une couche de pierres et de graviers mélangés à du sable, si le hérisson est nécessaire.

Préparez un béton assez grossier, avec des graviers de gros calibre. Versez-le avec le seau ou à la pelle directement dans la tranchée. Tassez fermement la première couche, puis versez le reste du béton et tassez encore. Réglez l'horizontalité avec le niveau à bulles. Les débords de la semelle (les parties qui dépassent du mur, de chaque côté) peuvent être planes ou en pente. La seconde solution est préférable car elle permet un meilleur écoulement des eaux à la base du mur ; d'autre part, cela vous donne la possibilité de recouvrir de terre les fondations afin de les dissimuler (ce n'est pas négligeable pour les constructions de jardin).

Pour les constructions plus importantes dont les fondations dépassent 15 cm,

Remplissage de la fouille avec du gravier.

Répartition du béton dans la fouille.

Des cordeaux tendus de chaque côté serviront de guides au montage des pierres.

Hachez le béton du tranchant de la truelle afin qu'il offre une bonne surface d'ancrage.

il faut couler le béton dans un coffrage de bois placé dans la fouille. Le travail est ici nettement plus compliqué puisqu'il est nécessaire d'implanter des planches de coffrage sur les parois de la fouille, en contrô-

lant avec précision la verticalité et l'écartement. On doit donc utiliser des tasseaux d'écartement et des étais à l'extérieur du coffrage.

Dans tous les cas, il faut attendre au moins 48 heures après le coulage pour que le béton soit bien sec. Si le temps est à la pluie ou qu'il fait très chaud, couvrez votre semelle d'une bâche.

UN MURET EN PIERRES

On utilise les pierres pour les murets décoratifs de jardin, les murets de clôture (pouvant soutenir une grille) ou les murets de soutènement. Les pierres sont décoratives et elles ne sont donc pas destinées à être enduites. Elles sont souvent particulièrement lourdes, ce qui implique des fondations suffisamment solides.

❏ LES PIERRES IRREGULIERES

Le travail est là assez complexe car il faut disposer correctement les pierres afin qu'elles s'emboîtent le mieux possible. Le défaut classique des débutants consiste à placer les pierres comme elles viennent, et à combler les trous avec le mortier. Cette façon de procéder doit être prohibée car elle donne des constructions présentant des points faibles et risquant donc de se fendre ou de s'ébouler. La bonne technique doit être proche de celle utlisée pour les murs de pierres sèches qui tiennent tout seuls, sans aucun liant, par la seule disposition des moellons. Vous commencerez par mettre en place une grosse pierre, d'une largeur égale à celle du mur, à chacune des extrémités. Posez-la sur une bonne couche de mortier bâtard, et donnez-lui son assise en frappant au marteau. Placez ensuite la première rangée en choisissant à chaque fois la pierre qui s'emboîte le mieux sur sa voisine.

Les pierres n'ont pas toutes la même forme, et il n'est pas possible que toutes fassent la largeur du mur et soient visibles sur les deux faces. Il convient donc de les disposer correctement pour donner suffisamment de solidité et de cohésion à l'en-

Posez les pierres sur le béton et enfoncez-les légèrement en les frappant du manche de la massette.

Même si les pierres sont irrégulières, le muret sera monté bien verticalement.

semble. L'appareillage est donc essentiel : il faut alterner, autant que faire se peut, les éléments placés en longueur et ceux placés en largeur. Ne posez pas toutes les pierres en longueur de façon à obtenir de beaux parements en vous contentant de "remplir" le milieu avec des petites pierres et du mortier : le muret risquerait de se fendre en deux. Pour chaque pierre, vous devez déterminer la plus belle face (qui restera visible), et vérifier qu'elle est parfaitement propre et exempte de traces terreuses. Il est parfois nécessaire de procéder à des coupes ou à une taille à l'aide de la massette et du ciseau à pierre.

Les interstices entre les pierres sont comblés avec de petites pierres noyées dans le mortier qui servent à caler (mais en aucun cas uniquement avec du mortier). Dans les constructions de ce type, les joints sont généralement creux. Ils doivent être en effet le moins visibles possible, afin de laisser les pierres bien apparentes. Ces joints sont maçonnés après le montage de l'ensemble du mur, à l'aide d'un mortier assez fin et d'une truelle à joints.

Pour le faîte du mur, réservez de belles pierres ayant une face bien plane, et ancrez-les solidement dans la couche inférieure.

❏ LES PIERRES DE TAILLE

Les éléments de construction sont tous de la même taille, et le montage est ici plus facile. Pour que le mur soit solide, l'appareillage (disposition des pierres) est essentiel. S'il s'agit de pierres assez larges et que le muret est bas, les éléments peuvent être placés à plat, dans le sens de la longueur (en panneresse) ; d'une rangée sur l'autre, les joints seront décalés d'une demi-pierre (joints rompus) ; en aucun cas, les joints ne seront alignés car cela produirait des points faibles dans la

Pour les angles, choisissez les éléments les plus beaux et les plus réguliers.

Si nécessaire, retaillez un peu les pierres et brossez-les avant de les mettre en place.

Avant de passer à la rangée supérieure, déposez un peu de mortier sur les pierres déjà posées.

Vérification de l'alignement de la première rangée.

construction. Si le mur doit être épais, on combine la pose en long (en panneresse) et en large (en boutisse) des éléments ; on retrouve toujours la même disposition toutes les deux rangées. Pour que les joints soient parfaitement régu-

liers, utilisez de petites cales de bois, ou des tasseaux placés au bord de chaque rangée.

La verticalité et l'horizontalité sont essentielles. Vous travaillerez donc à l'aide du cordeau qui vous servira à aligner

Pose des pierres supérieures : asseyez-les convenablement sur le mortier.

Une fois les joints effectués, lissez-les avec une éponge humide.

L'intérieur du muret doit être comblé à l'aide des pierres les plus petites et non avec du mortier seulement.

chaque rangée. La pose de la première pierre de chaque rangée est importante, car c'est sur cet élément que se règle l'alignement de la rangée. Les coupes de pierres de taille sont effectuées à l'aide de la massette et d'un ciseau de maçon.

MOUILLEZ LES PIERRES !

Les pierres sèches absorbent généralement l'eau de gâchage du mortier. Pour éviter des défauts, mouillez préalablement les pierres en les immergeant dans un bac ou en les arrosant au jet.

UN MURET EN BRIQUES

La technique de construction d'un mur en briques pleines est proche de celle du muret en pierres taillées. L'essentiel pour que le mur soit solide, est de choisir un appareillage adapté, et de veiller à l'horizontalité et à la verticalité.

❑ L'APPAREILLAGE

Pour les petites constructions, on adopte généralement l'appareillage anglais : on place deux briques côte à côte,

Pose de la première rangée de briques et contrôle de sa planéité.

à plat, en panneresses (en longueur), puis une brique à plat en largeur (en boutisse), et ainsi de suite (la largeur est égale à la moitié de la longueur). On procède de la même façon pour la rangée supérieure en décalant simplement les joints. D'autres dispositions sont possibles : l'appareillage flamand par exemple consiste à placer une rangée double de briques en panneresse, puis une rangée de briques en boutisses. Si le mur doit être très épais, on peut adopter des appareillages plus complexes, mais toujours basés sur le décalage des joints.

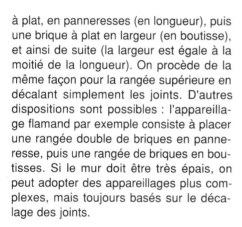

❏ LA PREPARATION DES BRIQUES

Elles doivent être propres (sans traces de terre ou de plâtre), et en bon état. Les briques fêlées seront systématiquement rejetées : pour les reconnaître, frappez la brique d'un léger coup de truelle ; elle ne rendent un son clair que lorsqu'elles sont intactes. Avant la mise en œuvre, faites-les tremper dans un récipient d'eau pour qu'elles s'imbibent. Les briques sèches absorbent l'eau de gâchage du mortier, ce qui rend fragile la construction.

Un muret de briques se monte à joints rompus (décalés un rang sur l'autre). Déposez un lit de mortier et placez les briques par-dessus.

❏ LA POSE

On commence à mettre les briques en place à une extrémité. Appliquez une couche de mortier bâtard à la truelle. Celui-ci doit être suffisamment onctueux et souple (évitez les mortiers de ciment pur).

Contrôle de l'horizontalité en cours de travail. Le cordeau vertical permet d'obtenir un bon alignement des briques d'angle.

Une fois les briques montées, brossez les joints...

La brique est posée dessus "à bain soufflant", ce qui signifie que le mortier doit être en quantité suffisante pour refluer de chaque côté.

Apportez un grand soin à l'alignement. Utilisez un cordeau tendu sur des piquets placés à chaque extrémité du mur : le cordeau est monté sur le piquet au fur et à mesure que le mur s'élève. Vérifiez que chaque rangée est correctement alignée sur le cordeau. Si une brique n'est pas assez enfoncée, tapez dessus à petits coups du manche de la truelle ; si elle l'est trop, enlevez-la et rajoutez du mortier. Si le mortier ne reflue pas suffisamment entre deux briques voisines, faites couler un peu de mortier dans le joint. On peut aussi appliquer un peu de mortier sur la face en bout de la brique avant de la mettre en place.

Dès que vous avez monté quelques rangées, vérifiez la verticalité à l'aide du fil à plomb. Pour un mur assez élevé, le fil à plomb doit être en place en permanence

... avant de les former avec une truelle à joints.

afin que l'élévation se fasse correctement. Ne vous fiez surtout pas à votre coup d'œil, vous auriez des déboires.

❏ LES JOINTS

L'épaisseur habituelle des joints sur des murs en briques apparentes, non destinés à être enduits, est de 1 cm ; elle peut être un peu plus grande si le mur doit être enduit. La régularité des joints est essentielle pour que votre muret ait un bel aspect. Le plus simple est d'utiliser de petites baguettes de section carrée que l'on place sur le bord de la rangée que l'on vient de mettre en place (une de chaque côté). On peut ainsi remplir au mortier l'intervalle entre les baguettes. Lorsque la rangée est complètement en place, ôtez les baguettes.

On peut également utiliser de petites cales de 1 cm de hauteur que l'on met en place pour chaque brique. Les professionnels travaillent évidemment au juger parce que l'utilisation des baguettes fait perdre du temps. Elle donne cependant l'avantage d'obtenir des joints parfaitement réguliers.

La finition des joints : lorsque le mur est entièrement monté, les joints sont en creux (vide laissé entre les baguettes). Pour obtenir un effet décoratif, on doit donc exécuter un jointoiement de finition consistant à placer un peu de mortier et à donner une forme.

Les joints peuvent être circulaires en creux, en sifflet (en biais), en refend (droits), ou moulurés selon différents profils. Ils ne doivent jamais faire saillie. Pour faire les joints, on commence par brosser le fond avec une brosse dure, et à le mouiller. Déposez ensuite un cordon de mortier fin dans le creux, et donnez-lui sa forme en lissant avec un fer à joint. Pour certains murs décoratifs, on utilise un mortier blanc (ou coloré de diverses nuances). Nettoyez immédiatement le parement des briques de toutes les bavures de ciment.

LES EFFLORESCENCES

Des traces blanchâtres apparaissent parfois sur les parements des murets en briques apparentes. Il s'agit de sels provenant des matériaux de construction qui remontent en surface lors du séchage. Pour les enlever, on peut dans beaucoup de cas se contenter d'un lavage à l'eau claire qui les dissout. Si les efflorescences persistent, utilisez de l'eau additionnée d'acide chlorydrique.

❏ LA COUPE DES BRIQUES

Elle se fait à l'aide de la massette et du large ciseau de briqueteur. Commencez par tracer la coupe à la craie et creusez une entaille sur les quatre faces à petits coups de la panne du martelet de briqueteur. Séparez ensuite les deux morceaux avec le ciseau, d'un bon coup de massette.

❏ LA POSE DES BRIQUES CREUSES

La technique de base est la même que pour un mur de briques pleines. Le travail est cependant plus facile, et va plus vite puisque les éléments sont plus gros. Les constructions de briques creuses sont destinées à être enduites : on peut donc adopter une épaisseur de 2 cm pour les joints.

L'appareillage est nettement plus simple puisque les briques creuses se posent toujours en longueur (en panneresses), et jamais en largeur (en boutisses). On pose généralement un double cordon de mortier onctueux de chaque côté de la rangée précédente, et on place les briques dessus en les calant à petits coups du manche de la truelle. On doit évidemment respecter le principe des joints rompus.

A l'intérieur, les briques creuses sont généralement montées au plâtre. La base de la cloison est placée sur une semelle (le plus souvent un tasseau de 5 cm d'épaisseur) qui donne à la cloison de la cohésion. Apportez là encore un soin particulier au contrôle de la verticalité.

LES MURS DE PARPAINGS

Aujourd'hui, on utilise très couramment les parpaings pour les murets extérieurs comme pour de nombreuses séparations intérieures. Ces éléments sont moins chers que les briques, et leurs

Construction d'un mur de briques creuses en cours. Ici, prise de repères en vue de l'installation d'une baie.

Montage de parpaings : le cordeau d'alignement sera déplacé en hauteur, au fur et à mesure de l'élévation de la cloison.

Montage de briques creuses : remplissage des joints verticaux.

Jointoiement vertical.

dimensions permettent de travailler rapidement.

Les principes généraux de mise en œuvre sont les mêmes que pour les briques. Les parpaings sont toujours montés à joints croisés et au mortier. Les chants des éléments sont profilés, ce qui permet d'obtenir facilement d'excellentes liaisons entre les rangées. Il est indispensable de contrôler l'horizontalité et la verticalité pour chaque élément mis en place. On travaillera donc au cordeau et au fil à plomb. La coupe des parpaings se fait à la massette et au ciseau, ou au martelet.

Les parpaings de béton cellulaire ont non seulement l'avantage d'être légers et isolants, mais aussi celui de se mettre en œuvre facilement. En effet, on les assemble généralement à l'aide d'un mortier-colle appliqué à l'aide d'une truelle à peigne ; le jointoiement vertical est facilité par l'emboîtage des blocs à face profilée. Pour les constructions élevées, on utilise des chaînages verticaux et horizontaux, en métal, faciles à mettre en place.

Les parpaings ordinaires comme les parpaings de béton cellulaire sont généralement destinés à être enduits.

LES CLOISONS EN CARREAUX DE PLATRE

Les carreaux de plâtre permettent de monter rapidement une cloison et ainsi d'aménager sans gros effort l'espace d'un intérieur. Une fois posés, les carreaux peuvent recevoir un quelconque revêtement mural (peinture, papier peint, tissu, carrelage), ce qui ajoute à leur intérêt.

Déterminez l'emplacement de la cloison (tenez compte des ouvertures, portes et fenêtres) et tracez au sol la ligne de pose, bien perpendiculaire aux autres murs.

Montez la première rangée, en assurant la liaison des carreaux avec le sol à l'aide de la colle spéciale. Posez les carreaux, le côté rainuré tourné vers le sol.

Vérifiez bien l'horizontalité de la pose au fur et à mesure de la mise en place des carreaux. Réalisez les joints verticaux à l'aide de colle également.

Montez les rangées suivantes en décalant les joints d'une rangée sur l'autre. Veillez ici à la verticalité. La liaison entre les rangs se fait là encore avec de la colle, jamais avec du plâtre. Les rainures et les languettes que présentent les carreaux favorisent leur emboîtement.

Déposez la quantité de colle nécessaire à l'assemblage sur le côté du carreau et mettez-le en place sur les autres éléments inférieurs, en l'appliquant fortement. La colle reflue et son excédent doit

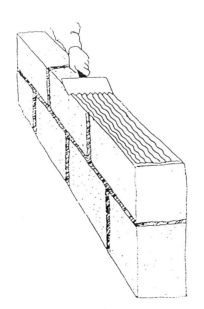

Etendue de colle de montage sur blocs de béton cellulaire.

Contrôle de l'alignement de la future cloison de carreaux de plâtre avec l'huisserie.

Gâchage de la colle d'assemblage des carreaux.

Le montage de la cloison se faisant ici sur une semelle (profilé en U), remplissez la semelle de colle.

Garnissage du chant d'un carreau avant sa mise en place.

être enlevé après le début de la prise, mais avant durcissement complet.

La pose à joints rompus implique de couper les carreaux venant à chaque extrémité. Utilisez pour cela une scie égoïne ou, mieux, une scie à béton cellulaire. Arrivé au dernier rang, vous pourrez disposer les carreaux verticalement, si cela vous évite des coups ou un raccord avec le plafond avec des éléments de petites dimensions. Si vous devez intégrer une huisserie dans la cloison, il faut que ses profils puissent recevoir les carreaux. Montez les huisseries avant de commencer la pose des carreaux et maintenez l'encadrement rigide (à l'aide d'entretoises) afin d'éviter les déformations conséquentes à la mise en place des carreaux. La liaison de l'huisserie à la cloison est renforcée de pattes de scellement disposées dans les joints (3 pattes suffisent pour la hauteur d'un mur). Si l'huisserie comporte une feuillure, le côté des carreaux y sera logé. Si elle ne s'est pas feuillurée, la liaison (avec colle et pattes de scellement) sera recouverte, sur toute la hauteur, avec un couvre-joint.

La jonction avec le plafond doit se faire après le collage, contre le plafond, d'une bande de matériau résilient placée à l'endroit de contact avec la cloison de carreaux. Collez cette bande avec le produit utilisé pour le montage des carreaux. L'espace compris entre cette bande de jonction et la dernière rangée doit être de 2 cm. Il sera lui aussi comblé de colle.

En finition, recouvrez les joints de bande de papier (que l'on emploie aussi pour les plaques de plâtre) ou de calicot. Les liaisons avec le plafond ou avec les autres cloisons peuvent être dissimulées à l'aide de couvre-joint souple ou de baguette de bois ou de métal.

ATTENTION : si la cloison doit être montée dans une cuisine ou une salle de bains, il faut lui donner une semelle pour la prémunir des remontées capillaires. Cette semelle peut être constituée d'une semelle en béton de 2 cm d'épaisseur ou d'un profilé en plastique en forme de U. Ce dernier est fixé au sol par clouage.

Veillez à l'horizontalité de la première rangée de carreaux.

Pose des rangées suivantes, à joints décalés. A ce stade, surveillez la verticalité.

Mais il est aussi possible de monter la première rangée de la cloison avec des carreaux spécialement traités, résistants à l'humidité. Renseignez-vous auprès du détaillant où vous vous fournissez.

❑ ENDUIT AU MORTIER

On recouvre d'enduit au mortier les parpaings, les briques creuses ou les blocs de terre cuite montés au mortier, les blocs

Si vous devez scier un carreau, pour les extrémités de rangées, pour les raccords avec le plafond ou pour toute découpe particulière, utilisez une scie à béton cellulaire de préférence.

Un enduit au mortier protège la maçonnerie et prépare la façade à recevoir un revêtement de finition.

LES ENDUITS

Le rôle d'un enduit est de protéger la maçonnerie des intempéries, de niveler une surface irrégulière afin de la rendre apte à recevoir un revêtement tel que la peinture, le papier peint ou encore le carrelage. En outre, la tenue de l'enduit dépendra de la qualité du gros œuvre. Comme on le voit, enduit et maçonnerie forment un ensemble solidaire. Ce qui précède implique qu'il faut adapter la nature de l'enduit (plâtre ou mortier) à celle de la maçonnerie ou, plus exactement, à sa situation.

Il est recommandé de piqueter les vieux supports et d'éliminer toutes les parties friables avant d'enduire.

de béton cellulaire, toute maçonnerie extérieure.

Attendez un mois au minimum avant de réaliser un enduit sur un mur qui vient d'être construit. Ce délai doit prévenir des risques de fissuration dus au retrait des matériaux.

Commencez par préparer la surface qui doit être enduite. Eliminez les plus grosses aspérités, les parties qui n'adhèrent pas bien, les bavures au niveau des joints, etc. Dépoussiérez le support et humidifiez-le afin qu'il n'absorbe pas l'eau de gâchage du mortier.

Dans le cas de supports anciens, il est parfois nécessaire de disposer une armature grillagée afin d'améliorer la tenue de l'enduit. Si vous ne devez pas recourir à une telle extrémité, vous aurez au moins à éliminer le vieil enduit qui se détache par plaques et à rénover les joints entre les matériaux. Par aillleurs, si le support est fait de moellons, une armature grillagée facilitera l'accrochage de l'enduit. Ces préparatifs terminés, passez à la réalisation de l'enduit, qui se fait en trois étapes. Il est indispensable de bien respecter chacune de ces étapes qui donnent ensemble son homogénéité à l'enduit. Il faudra aussi observer une délai qui doit lui permettre d'effectuer son retrait ; vous prendriez le risque, sinon, de voir la couche supérieure se faïencer (craqueler) voire se décoller.

- Le gobetis

C'est la première couche. Elle assure la jonction entre l'enduit et le support. Préparez le mortier nécessaire à raison de trois mesures de sable (attention au foisonnement), une mesure de ciment Portland et une mesure et demie d'eau.

Traditionnellement, le gobetis s'applique "au jeté". Le mortier est en effet projeté sur le support avec la truelle, d'un geste sec. Mais pour régler son niveau

Mouillez la maçonnerie avant de projeter la première couche d'enduit.

Mise en place de cales d'épaisseur.

correctement, placez des règles parallèlement, à un mètre d'intervalle. Il sera ensuite plus facile de tirer le mortier (c'est le même genre de dispositif dont il a été fait mention pour la réalisation d'une dalle). Fixez ces règles au support à l'aide de serre-joints de maçon.

- Le corps d'enduit

Cette seconde couche doit être appliquée au minimum trois jours après le gobetis. Il faut parfois attendre près d'une semaine selon les conditions climatiques.

Le rôle du corps d'enduit assure l'imperméabilisation de la maçonnerie et finit de rattraper les inégalités du support. Pour cela, le mortier projeté sera "serré" à la taloche. Ne lissez pas à la truelle car cela entraîne la remontée de ciment (laitance) en surface, ce qui peut être, par la suite, à l'origine de fissuration. L'épaisseur du gobetis et du corps d'enduit sera de 2 cm environ.

- La couche de finition

La planéité ayant été réglée par l'application du corps d'enduit, la fonction de cette troisième couche se limite à rattraper les petites inégalités afin d'obtenir une surface nette.

Il est recommandé d'attendre 8 à 15 jours selon les conditions climatiques pour appliquer la troisième couche d'enduit. A ce moment-là, le corps d'enduit est parfaitement sec.

Pour réaliser la couche de finition (qui sera lissée à la taloche), vous pourrez utiliser un mortier de ciment ordinaire, un mortier décoratif préparé en usine ou encore un revêtement d'étanchéité de façade.

La couche de finition, qui aura environ 5 mm d'épaisseur, pourra recevoir elle-même des granulats qui seront projetés sur le mortier frais. C'est une solution que l'on retient parfois pour donner un aspect décoratif à l'enduit.

Jeté du gobetis.

Dressage de l'enduit.

❏ ENDUIT AU PLATRE

Il sert à recouvrir les parois intérieures de briques (briques plâtrières, carreaux de terre cuite), de pierres, de béton, de blocs de béton, de carreaux ou de plaques de plâtre, etc. L'enduit intérieur au plâtre prépare une surface à recevoir un revêtement mais reste assez sensible à l'humidité. Par conséquent, il vaut mieux prévoir de recouvrir l'enduit au plâtre d'une peinture imperméabilisante, en particulier dans les locaux humides (cuisines et salles de bains).

Lissage final à la taloche.

Préparation de l'enduit au plâtre. Respectez bien les proportions indiquées par le fabricant.

Préparation des supports et rebouchage avant l'application d'un enduit au plâtre.

Dépôt de l'enduit : on utilise surtout un plâtroir et un large couteau à enduire.

La difficulté à réaliser un enduit au plâtre tient à la mise en œuvre du matériau lui-même. Le temps de prise du plâtre est en effet bref, plus court que celui du mortier, ce qui demande une certaine rapidité dans l'exécution.

L'enduit ne doit être appliqué que sur des supports secs, propres et présentant peu d'irrégularités. De telles conditions vous conduiront dans de nombreux cas à des travaux préparatoires, surtout si les supports sont anciens.

Si le mur est en béton brut de décoffrage, éliminez toute trace d'huile de décoffrage dont la présence interdirait l'accrochage de l'enduit. De plus, bouchardez toute la surface pour qu'elle offre une meilleure adhérence.

Souvenez-vous aussi, avant de commencer, qu'il ne faut pas appliquer un enduit au plâtre si la température de la pièce est inférieure à 3°C.

L'enduit est passé en une ou deux couches, si son épaisseur doit dépasser 15 mm. Pour les proportions à respecter lors du gâchage, qui peuvent varier selon le plâtre utilisé, vous vous conformerez aux indications du fabricant figurant sur les sacs. La pâte homogène obtenue après gâchage est étendue avec le plâtroir.

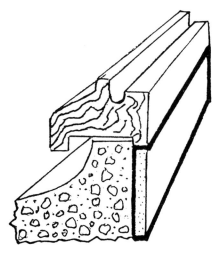

L'épaisseur de l'enduit sous le bâti d'une fenêtre permettra de rattraper la différence de niveau.

L'épaisseur de l'enduit est variable selon les surfaces, le minimum étant de 4 à 6 mm. Dans le cas des cloisons comportant une huisserie, l'enduit doit permettre de rattraper la différence entre la cloison et l'huisserie, de façon à obtenir, en finition, un même plan. De la même façon, on règlera l'épaisseur de l'enduit selon la différence de niveau existant entre le dormant d'une fenêtre et la cloison. Autre exemple : l'enduit recouvrant un conduit de fumée aura une épaisseur de 15 mm minimum (le plâtre est un matériau incombustible).

En finition, un enduit doit présenter une surface plane. Toutefois, les petites différences de planéité (5 à 10 mm sur une largeur de 2 mètres) sont tolérées. L'enduit au plâtre sera sec trois semaines à un mois après son application. Passé ce délai, vous pourrez entreprendre la pose du revêtement.

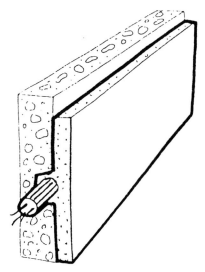

Si des conduits électriques sont encastrés dans la paroi, l'épaisseur de l'enduit aura 4 mm.

ENCADREMENT ET APPUI DE FENETRE

C'est un travail que l'on ne peut éviter lors de la rénovation d'une maison. Il s'agit, soit de restaurer les ouvertures existantes, soit de percer un mur pour créer une fenêtre ou une porte.

Dans ce deuxième cas, soyez attentif :

- à la législation, qui vous impose certaines contraintes de voisinage (demandez l'autorisation de percer une baie, en indiquant la situation du mur concerné),

- à la construction elle-même, car il est toujours délicat de percer un mur porteur.

Il faut dans ces conditions, prendre un certain nombre de précautions, comme l'étayage préalable des planchers de l'étage supérieur, la mise en place de linteau porteur et, souvent, le montage de piles maçonnées pour suppléer au mur porteur.

Pour bien respecter ces contraintes techniques, il est fortement conseillé de recueillir l'avis d'un spécialiste ou de l'architecte de la maison (quand c'est possible).

❏ REALISATION DU LINTEAU

Le linteau doit venir en appui sur les murs encadrant l'ouverture. Il peut être fait d'une poutre de bois, d'une poutrelle

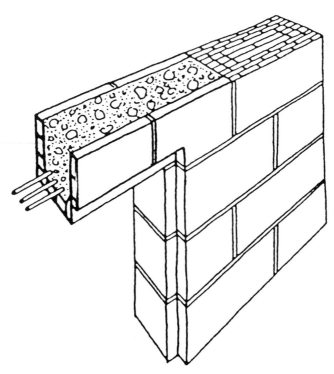

Linteau avec parements en béton cellulaire et gorge centrale remplie de béton armé.

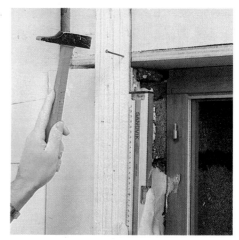

Vue d'un linteau de béton après décoffrage.

Pose de lattes de réglage pour la réalisation du jambage.

Nivellement du plâtre, côté intérieur.

Dressage du mortier, côté extérieur.

Fabrication du coffrage de l'appui de fenêtre devant former le larmier. Remarquez la petite baguette demi-ronde.

Veillez à donner une pente convenable à l'appui de fenêtre pour un bon écoulement de l'eau de pluie.

Lissage final après décoffrage.

Réalisation du tableau.

métallique qui sera ensuite dissimulée dans le corps de la maçonnerie, d'éléments spéciaux avec parements en plaque de béton cellulaire et gorge centrale destinée à être comblée de béton (avec armatures). Il peut être en béton, pour lequel il faudra réaliser un coffrage.

Cette dernière solution est l'une des plus retenues. Fabriquez le coffrage à l'aide de planches de 27 mm d'épaisseur et mettez-le en place sur toute la largeur de la baie, de sorte qu'il déborde de part et d'autre de 30 cm, distance lui donnant une bonne assise sur la maçonnerie. Fabriquez l'armature nécessaire à l'aide de quatre fers torsadés de 8 mm de diamètre, aux extrémités recourbées. Ces fers sont réunis par d'autres fers de section inférieure et formés en carrés, de sorte que l'ensemble prenne l'aspect d'un parallélépipède représentant l'ossature du linteau. La longueur de l'armature correspondra, bien entendu, à celle du linteau.

Mettez l'armature en place dans le coffrage, sans qu'elle en touche aucun des côtés. Posez-la sur des petites cales (pierres). Coulez le béton et décoffrez après séchage.

❏ EXECUTION DES JAMBAGES

Il s'agit des montants encadrant la baie. Ils doivent être d'excellente qualité, tant pour des raisons esthétiques que techniques. Côté extérieur, ils sont réalisés à l'aide de mortier ; avec du plâtre, côté intérieur.

Déterminez l'épaisseur qu'il faut leur donner selon le dormant de la fenêtre et selon l'état de la maçonnerie à recouvrir. Fixez des lattes qui serviront de guides à leur réglage. Leur application se fait selon les mêmes règles que celles qui concernent les enduits (p. 83).

❏ L'APPUI DE FENETRE

L'appui de fenêtre est également réalisé en béton coffré. Mettez le coffrage en place en veillant à son horizontalité et en prévoyant une légère pente à donner à l'appui (pour l'écoulement de l'eau de pluie). Pour la fabrication du coffrage, opération asez simple, reportez-vous à la photo p. 89, en haut à gauche.

Prenez la précaution de fixer une petite baguette demi-ronde sur toute la longueur de la base du coffrage : elle permettra de façonner le larmier, grâce auquel l'eau ne viendra pas s'écouler contre la partie de façade située sous l'appui. Prévoyez aussi l'incorporation de quelques fers placés dans le sens de la longueur, à mi-épaisseur environ de la couche de béton, dont la mise en œuvre se fait de la manière indiquée précédemment : vibrage, lissage, puis décoffrage après séchage.

❏ LE TABLEAU

Il s'agit de la partie de la maçonnerie entourant la fenêtre côté façade. Bien souvent vous serez amené à le refaire, en particulier si vous avez agrandi ou percé une baie. Il s'agit en fait d'un raccordement à la maçonnerie de façade, ce qui implique donc l'épaisseur à donner au mortier. Placez en conséquence des lattes débordant légèrement des jambages et étalez le mortier en réglant sa planéité avec une petite latte.

Le gros de votre travail est terminé : il vous reste maintenant à passer aux revêtements des murs, à l'intérieur comme à l'extérieur.

INDEX

TABLE DES MATIERES

Crédit photographique et dessins :

S.A.E.P. / P. VANHAECKE : couverture.
Marcel GUEDJ : p. 12 gauche, 14, 16, 17, 18, 19, 21, 23, 24, 26, 27 bas gauche, 51, 75 haut gauche.
Yves-André ROBIC : p. 35 haut droit, 56, 61, 85 haut droit et bas, 89 haut gauche.
SILIROC : p. 27 haut.
Toutes les autres photos sont de C. PESSEY/ Les Cours.
Tous les dessins ont été réalisés à partir de documents aimablement fournis par le CSTB (Centre Scientifique et Technique du Bâtiment), que nous tenons à remercier vivement.

© S.A.E.P., 1988
Dépôt légal 2e trimestre 1988
n° 1 531

ISBN 2-7372-4006-9

Imprimé en C.E.E.